## 어린이 과학형사대 CSI ⑥

초판 1쇄 발행 | 2009년 4월 17일
개정판 1쇄 발행 | 2024년 9월 2일

지은이 | 고희정
그린이 | 서용남
감 수 | 곽영직

펴 낸 곳 | (주)가나문화콘텐츠
펴 낸 이 | 김남전
편 집 장 | 유다형
편 집 | 김아영
디 자 인 | 양란희
마 케 팅 | 정상원 한웅 정용민 김건우
경영관리 | 임종열

출판 등록 | 2002년 2월 15일 제10-2308호
주 소 | 경기도 고양시 덕양구 호원길 3-2
전 화 | 02-717-5494(편집부) 02-332-7755(관리부)
팩 스 | 02-324-9944
홈페이지 | ganapub.com
이 메 일 | ganapub@naver.com

ⓒ 고희정, 2009

ISBN 978-89-5736-470-3 (74400)
      978-89-5736-440-6 (세트)

* 책값은 뒤표지에 표시되어 있습니다.
* 이 책의 내용을 재사용하려면 반드시 저작권자와 (주)가나문화콘텐츠 양측의 동의를 얻어야 합니다.
* 잘못된 책은 구입하신 서점에서 바꾸어 드립니다.
* '가나출판사'는 (주)가나문화콘텐츠의 출판 브랜드입니다.

- 제조자명 : (주)가나문화콘텐츠
- 주소 및 전화번호 : 경기도 고양시 덕양구 호원길 3-2 / 02-717-5494
- 제조연월 : 2024년 9월 2일
- 제조국명 : 대한민국
- 사용연령 : 4세 이상 어린이 제품

# 어린이 과학형사대 CSI 6
## CSI, 정식 경찰이 되다

글 고희정 · 그림 서용남
감수 곽영직

## 주인공 소개

박춘삼 교장 (67세)

어수선 형사 (35세)

반달곰 (13세)

- 어린이 형사 학교 교장. 똑똑한 어린이들을 모아 CSI를 만든다. 게으르고 잠꾸러기여서 교장실에서 주로 하는 일은 코 골며 잠자기.

- 박춘삼 교장의 조수 겸 형사. 항상 말 많고 어수선하고 덤벙대서 문제를 잘 일으킨다. 그러나 역시 사건이 터지면 박춘삼 교장과 환상의 콤비로 행동한다.

- 동식물에 대한 지식이 깊다. 행동이 아주 느리지만 순수하고 착한 시골 아이. 곰과 비슷한 정도로 덩치가 크고, 힘도 아주 세서 힘쓸 일은 도맡아 한다.

나혜성 (14세)

한영재 (13세)

이요리 (14세)

- 백과사전과 같은 잡학의 달인으로, 특히 우주와 지구에 대해 잘 알고 있다. 얼짱 꽃미남이지만 엄청난 잘난 척과 대단한 이기심을 가진 왕재수.

- 물리적 현상에 대한 지식과 기계 다루는 솜씨가 뛰어나다. 이미 고등학교 물리, 수학 문제를 다 풀 정도의 뛰어난 영재. 끈질긴 성격과 대단한 집중력이 있다.

- 화학적 현상에 대한 지식이 해박하다. 게다가 무엇이든 실험해 봐야 직성이 풀리는 불굴의 실험 정신을 지니고 있다. 요리를 좋아하고 재능도 많다.

# 차례

- CSI, 정식 경찰이 되다 • 6

- 사건 1 : 반짝이파의 귀환 • 12
  - 핵심 과학 원리 – 빛의 파장
  - 영재가 들려주는 사건 해결의 열쇠 • 38

- 사건 2 : 아버지가 남긴 선물 • 42
  - 핵심 과학 원리 – 금속의 성질
  - 요리가 들려주는 사건 해결의 열쇠 • 70

- 사건 3 : 군사 기밀 유출 사건 • 74
  - 핵심 과학 원리 – 자기 기록
  - 영재가 들려주는 사건 해결의 열쇠 • 100

- 사건 4 : 수상한 친구 • 104
  - 핵심 과학 원리 – 곤충의 한살이
  - 달곰이가 들려주는 사건 해결의 열쇠 • 130

- 사건 5 : 지하실을 탈출하라! • 134
  - 핵심 과학 원리 – 달의 모양 변화
  - 혜성이가 들려주는 사건 해결의 열쇠 • 160

- CSI, 후배가 생기다 • 164

- 특별 활동 : CSI, 함께 놀며 훈련하다! • 170

- 찾아보기 • 180

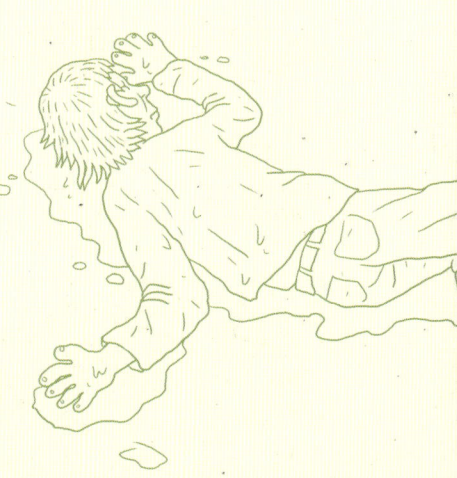

# CSI, 정식 경찰이 되다

2학년 2학기. '어린이 과학 형사대 CSI' 대원들은 세 차례의 현장 수행 평가를 치렀다. 한 학기 동안 계속된 인정사정없는 평가. 아이들은 탈락의 위기를 무사히 넘기고 겨울 방학을 준비하는데……

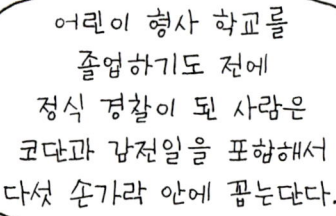

■ 핵심 과학 원리 – 빛의 파장

# 반짝이파의 귀환

"그런데 2, 30곳이 한꺼번에 거래를 끊겠다고 하니까 이상하더라고.
그래서 물어봤지. 그랬더니 우리보다 20퍼센트나 싸게
'왕멋져'를 파는 도매상이 나타났다는 거야."

## 수상한 사건

어느덧 12월 말에 접어들었다. 이제 며칠 있으면 크리스마스에 방학, 그 다음에는 방학 캠프가 기다리고 있으니 아이들의 마음은 벌써부터 풍선을 탄 것처럼 둥실둥실 들떠 있었다.

"우리 크리스마스이브에 뭐 할까?"

"파티하자, 작년처럼."

"에이, 그러다 또 밀가루 폭발 사고 나라고?"

"맞다. 하하하."

"그런데 이번 방학 캠프는 어디로 갈까?"

"남태평양 어때? 요즘 한창 뜨는 곳이라던데. 날도 추운데 따뜻한 나라에 가서 신 나게 놀다 오는 거야."

"쯧쯧. 꿈 깨라, 꿈. 우리가 언제 놀러 간 캠프 있었냐?"

그렇게 아이들이 주거니 받거니 한참 수다를 떨고 있는 참이었다.

"띠리리리 띠리리리리♪."

갑자기 전화벨 소리가 울렸다. 영재의 휴대 전화였다.

"여보세요? 네, 작은아버지. 안녕하셨어요?"

그런데 전화를 받는 영재의 표정이 점점 심각해졌다. 그리고 잠시 후, 영재의 작은아버지가 학교로 찾아왔다. 영재에게 부탁할 일이 있어서 왔다는데……

"영재야, 내가 작은 약 도매상을 하는 거 알지?"
"네, 알죠."
영재가 대답했다.
"지난해부터 중국에서 생산되는 종합 비타민제인 '왕멋져'를 수입해서 팔았거든. 한 달만 먹으면 피부도 고와지고 감기도 안 걸린다는 소문이 나면서 찾는 사람이 빠른 속도로 늘어났지. 그래서 100군데 정도 되는 약국이랑 계속 거래를 해 왔는데, 찾는 사람이 많다 보니 물량 대기도 힘들 정도였어. 사실 '왕멋져'는 많이 생산되는 약이 아니라서, 많은 양을 수입하기가 쉽지 않거든. 그런데 이상하게도 최근 한 달 새에 그동안 잘 거래해 왔던 약국들이 갑자기 거래를 끊겠다는 거야."

"갑자기요? 왜요?"

혜성이가 물었다.

"처음 한두 곳에서 이야기할 때에는 다른 거래처가 생겼나 보다 했지. 그런데 2, 30곳이 한꺼번에 거래를 끊겠다고 하니까 이상하더라고. 그래서 물어봤지. 그랬더니 우리보다 20퍼센트나 싸게 '왕멋져'를 파는 도매상이 나타났다는 거야."

20퍼센트나 싸게? 그렇다면 약국으로서는 거래처를 바꾸는 것이 당연하다. 하지만 요리는 이상하다는 생각이 들었다.

"20퍼센트나 싸게요? 그래도 남는 게 있어요?"

"없지. 그러니까 이상하단 말이야. 약값의 20퍼센트가 바로 우리 도매업자가 갖는 이익이거든. 게다가 수입할 때 세금까지 붙는데, 20퍼센트를 싸게 해 준다는 것은 이익은커녕 손해를 보고 팔겠다는 거야. 그러니 그게 말이 되냐고."

물론 말이 안 되는 얘기다. 하지만 가능하니까 싸게 판다는 것이 아닐까?

"그래서 말인데……. 아무래도 불법으로 들여오는 게 아닐까 싶어."

"불법으로요?"

영재가 깜짝 놀라며 되물었다.

"정확한 건 아니지만, 그럴 가능성이 있어. 세금까지 내면 손해 보는 장산데, 그렇게 장사할 리가 없잖아. 그래서 영재 너에게 부탁하러 온 거야. 좀 알아봐 달라고."

가만! 그렇다면 '밀수'라는 말인데, 만약 영재 작은아버지의 예상이 사실이라면 이건 보통 큰 사건이 아니다. 영재는 선뜻 그렇게 하겠다는 대답이 나오지 않았다. 그렇게 큰 사건을 영재 혼자 해결할 자신도 없고, 이제 곧 방학에 크리스마스라고 잔뜩 들떠 있는 다른 아이들에게 차마 도와 달라는 말을 꺼낼 수도 없었다. 바로 그때였다.

"네, 알았어요. 저희가 알아볼게요."

마치 영재의 마음을 들여다본 듯 요리가 선뜻 대답해 주었다.

"저희도 도울게요."

"네. 그러니까 걱정 마세요."

아니, 혜성이와 달곰이까지! 역시 실력뿐 아니라 따뜻한 마음까지 갖춘 최고의 팀, CSI! 영재는 자랑스런 마음에 어깨가 으쓱했다.

##  약 도매상의 정체는?

다음 날, 수업이 끝나자마자 아이들은 일단 사건에 대해 어 형사에게 보고했다. 그리고 영재와 요리, 혜성이와 달곰이, 이렇게 둘씩 짝을 지어 최근 거래처를 바꾸었다는 약국 몇 군데를 돌아보기로 했다.

"혹시 '왕멋져' 있나요?"

"있지. 줄까?"

"네. 얼마예요?"

"3만 5000원."

"헉! 왜 이렇게 비싸요?"

"비싸긴. 100알 들어 있는 건데. 그리고 이거 워낙 수입 물량이 달려서 구하기도 쉽지 않아. 아마 다른 약국에 가면 없을걸."

"그, 그럼 주세요."

그렇게 아이들이 약국을 각각 세 군데쯤 들러 보니, 3만 3000원에서 3만 5000원까지 약값도 모두 천차만별이었다. 아무래도 수입 약인데다 물량이 달린다니, 부르는 게 값인 듯했다.

그런데 혜성이와 달곰이가 세 번째 들른 약국에서 막 나오려고 할 때였다. 한 남자가 커다란 상자를 가지고 들어오는데, 상자에 '왕멋져'라고 씌어 있는 것이 아닌가. 혜성이는 약국에서 나오자마자 달곰이에게 말했다.

"달곰아! 방금 들어간 남자, 봤어? '왕멋져'라고 씌어 있는 상자를 들고 들어갔어."

"그래? 그럼 저 사람이 바로 새로운 약 도매상?"

혜성이와 달곰이는 유리창을 통해 약국 안에 있는 남자를 유심히 살펴보았다. 말끔하게 양복을 빼입은 남자. 그런데 혜성이는 그 남자를 어디선가 많이 본 듯한 느낌이 들었다.

"달곰아, 저 사람 어디선가 많이 본 것 같지 않냐?"

달곰이도 유심히 남자를 살폈다. 그런데 아무리 봐도 누군지 기억이 나지 않았다.

"잘 모르겠는데……."

"분명히 본 기억이 나는데……. 누구지?"

남자는 그사이 약사와 크게 웃으며 대화를 나누고 있었다. 혜성이는 얼른 카메라를 꺼내 남자의 얼굴을 찍었다. 잠시 후, 남자가 약국에서 나오자 혜성이와 달곰이는 다시 약국으로 들어갔다. 그러고는 약사에게 경찰 신분증을 내밀며 말했다.

"경찰인데요. 몇 가지 여쭤 볼 게 있습니다."

조그만 아이들이 경찰이라니, 황당하다는 표정의 약사. 한참을 신분증과 둘의 얼굴을 비교해 보더니, 조심스런 표정으로 물었다.

"뭔데?"

"방금 나간 남자 뭐 하는 사람이죠?"

"남자? 아, 그 사람! 약 도매상인데."

"그럼 혹시 이 '왕멋져'라는 약을 가져오는 사람인가요?"

"응. 그런데 왜?"

"밀수 약이 돌아다닌다는 제보가 들어와서요. 이 약 얼마에 사셨죠?"

그러자 약사는 조금 당황하는 표정으로 대답했다.

"그, 그게……. 한 상자에 2만 5000원."

"얼마 전 거래하던 도매상을 바꿨다고 하던데, 맞죠?"

"그래. 예전 도매상보다 20퍼센트나 싸게 준다니까 바꿨지. 가만, 그럼 이 약이 밀수한 약이란 말이야? 그래서 쌌던 거야?"

오히려 약사가 아이들에게 물으니, 조금은 황당한 상황이 되었다. 하기야 밀수로 들어온 것이나 정식으로 수입된 것이나 보기에는 똑같으니, 구별하기는 힘들었으리라.

"어쩐지 싸다 했지. 하지만 난 몰랐어. 정말이야."

"그게 언제부터였죠?"

"한 3주 됐어."

"그럼 아까 그 사람의 이름이랑 전화번호 좀 알 수 있을까요?"

"그, 그래. 잠깐만."

약사는 얼른 남자의 명함을 꺼내 주었다. 남자의 이름은 유명진.

'유명진? 이름도 어디선가 들어 봤는데……. 누구지?'

##  다시 돌아온 반짝이파

"뭐? 유명진? 사진 좀 줘 봐."

약 도매상의 이름을 듣자마자 갑자기 요리가 눈이 동그래지며 말했다.

"여기. 왜? 알아?"

혜성이가 사진을 내밀며 물었다.

"맞아. 이 사람!"

"누군데?"

모두 동시에 물었다. 그러자 요리는 답답하다는 듯 혜성이에게 말했다.

"아이 참, 혜성이 너 기억 안 나? 지난번에 반짝이파한테 잡혔을 때, 반보석 옆에 있던 부하. 반보석 체포할 때 공항에서 같이 잡았잖아."

그렇구나! 혜성이도 이제야 생각이 났다.

"맞다! 어쩐지 나도 어디서 많이 본 것 같더라고."

"가만, 그럼 아직 감옥에 있어야 되는 거 아냐?"

영재가 의문을 제기했다. 아이들은 얼른 선고 결과를 찾아보았다.

유명진. 반짝이파 두목 반보석의 부하. 다이아몬드 밀수 혐의로 구속. 징역 1년에 집행 유예 2년을 선고 받았다.

"집행 유예? 그럼 징역 1년을 선고 받았는데 2년 동안은 가두지 않고 지켜보겠다는 거잖아. 일단은 풀려나왔다는 말이네."

혜성이의 말에 요리가 자신의 생각을 말했다.

"그럼 진짜 새사람이 되려고 하는 게 아닐까? 집행 유예 기간에 죄지었다가는 곧바로 잡혀 들어가잖아. 그런데 같은 죄를 또 저지르겠어?"

영재도 요리의 말에 동의했다.

"그래. 게다가 반보석은 그때 징역 3년에 추징금 10억 원을 선고 받았잖아. 그럼 아직 교도소에 있을 거 아냐."

"두목 없다고 아무것도 못하나? 졸개들끼리 모여서 시작했나 보지."

혜성이는 아무래도 반짝이파의 소행일 거라는 생각이 자꾸 들었다.

"맞아. 그리고 왜 하필이면 약 도매상이야. 너무 갑작스런 변신 아니야?"

달곰이의 말을 듣고 보니, 그도 일리가 있었다.

"좋아. 그럼 내일은 반짝이파의 움직임을 좀 더 알아보자."

그래서 다음 날, 수업이 끝난 후 혜성이와 달곰이는 유명진이 있는 곳을 찾아 그를 미행하기로 했다. 요리와 영재는 그때 같이 구속되었던 반보석의 애인인 이인자에 대해 조사하고, 어 형사는

### 다이아몬드와 흑연은 한 형제?

화려하게 빛나는 최고의 보석 다이아몬드와 연필심으로 쓰이는 시커먼 흑연은 알고 보면 형제야. 둘 다 탄소(C) 원자로 만들어졌기 때문이지. 그렇다면 왜 둘은 성질이 전혀 다를까? 그건 바로 탄소 원자가 결합하는 방식이 다르기 때문이야. 다이아몬드는 탄소 원자 4개가 모인 정사면체(정삼각뿔)가 상하좌우로 끝임없이 반복되는 구조야. 그래서 매우 견고하고 깨지지 않지. 반면에 흑연은 정육각형으로 연결된 탄소 원자들이 층층이 쌓여 있는 구조야. 그래서 층의 경계를 따라 잘 부서지지.

다른 한 명의 부하인 허영만이 요즘 무엇을 하는지 알아보기로 했다.

조사해 보니, 당시 실제로 다이아몬드 운반을 담당했던 이인자는 징역 1년 6월에 집행 유예 2년을 선고 받고 풀려났고, 허영만도 유명진과 똑같이 징역 1년에 집행 유예 2년을 선고 받았으니, 결국 반보석을 빼고는 모두 다 풀려난 상태였다. 들리는 소문에는 반보석이 교도소에 가면서 모두 뿔뿔이 흩어졌다고 하는데, 그래도 모르는 일 아닌가.

그래서 요리와 영재는 일단 반보석의 집으로 가 보기로 했다. 둘이 반보석의 집에 도착한 시간은 저녁 7시쯤. 겨울이라 벌써 어둑어둑했다.

"어, 불이 켜져 있어."

영재가 반보석의 집을 가리키며 말했다. 요리는 그 집에 들어간 적이 있어서 그런지 불 켜진 곳이 어딘지 금방 알 수 있었다.

"마루네. 그렇다면 누가 있다는 말인데……. 혹시 이인자?"

불빛에 어른거리는 그림자를 자세히 보니 분명히 여자 같기는 했다. 그러나 그림자만으로는 누군지 확실히 알 수 없었다. 한 번쯤 밖으로 나와 주면 좋으련만. 그렇게 한 시간, 두 시간이 가고 9시가 다 되어도 집에서는 아무도 나올 생각을 하지 않았다.

요리와 영재는 추운 날씨에 온몸이 얼어붙으면서 체력이 급격히 떨어지는 것을 느꼈다. 마음 같아서는 그만두고 돌아가고 싶은데, 아직은 좀 찜찜한 시간. 바로 그때였다. 어 형사가 전화를 했다.

"허영만 잡아서 다그쳤더니, 이인자가 새로 조직을 모으고 있다는데!"

"정말이요?"

"그래, 잘 지켜봐. 언제 움직일지 모르니까. 나도 그쪽으로 갈게."

"네."

새로 조직을 모으고 있다니! 그렇다면 정말 뭔가 새로운 일을 벌이고 있음이 틀림없다. 잠시 후 어 형사가 도착하고, 요리와 영재는 그제야 차 안에서 몸을 녹였다.

"추워서 죽는 줄 알았어요."

"그래, 애썼다. 다음부턴 경찰차 타고 다녀라. 얘기해 놓을게."

"경찰차는 금방 눈에 띄잖아요. 우리도 운전할 수 있으면 좋을 텐데!"

그러고 보니 아직 어리다는 것이, 그래서 운전을 못한다는 것이 이렇게 큰 불편이 될지 몰랐다. 여하튼 그렇게 차 안에서 셋이 잠복을 하고 있으니, 시간은 어느새 밤 11시를 훌쩍 넘겼다.

"아무래도 오늘은 그만 들어가는 게 낫겠다. 내일 다시 오자."

몇 시간씩 기다린 것이 아깝기는 하지만 그래도 어쩔 수 없지 않은가. 오늘은 안 움직이겠다는데. 바로 그때였다. 요리의 휴대 전화가 울렸다. 휴대 전화 너머로 혜성이의 다급한 목소리가 들렸다.

"유명진이 움직이기 시작했어. 지금 나랑 달곰이가 택시 타고 따라가고 있거든. 그쪽은?"

"아직 별다른 움직임은 없어."

"그래? 그럼 어디로 가는지 방향이 정확해지면 다시 연락할게."

그리고 잠시 후, 다시 걸려 온 혜성이의 전화.

"지금 성우 대교 건넜어. 아무래도 그쪽으로 가는 거 같은데!"

"뭐, 이쪽으로?"

가만, 그렇다면 유명진이 반보석의 집에 있는 사람을 만나러 온다는 말인데! 다시 혜성이에게서 전화가 왔다.

"지금 그 집 앞 골목으로 들어가고 있어. 하얀색 그란다 1432."

"하얀색 그란다 1432? 알았어."

요리가 전화를 끊자마자 정말 하얀색 그란다 승용차 한 대가 반보석의 집 앞으로 미끄러져 들어왔다.

"저 차 맞지?"

"네, 맞아요."

그때였다. 대문이 열리더니 한 사람이 나왔다. 그 사람은 바로 이인자였다. 유명진과 함께 어딘가를 가려는 모양이었다. 유명진이 얼른 차에서 내려 이인자에게 공손히 문을 열어 주었다. 그리고 이인자를 태우고는 바로 출발했다.

"혜성이한테 전화해. 지금 따라 나간다고."

"네."

어 형사는 조심스럽게 차를 출발시켰다. 그리고 가는 길에 얼른 혜성이와 달곰이를 태웠다. 유명진과 이인자가 탄 차는 곧바로 한강 쪽으로 향하더니, 이내 고속도로를 탔다.

"우리 행선지 추적해서 경찰 출동시켜 달라고 할까요?"

혜성이가 어 형사에게 물었다.

"그래, 그렇게 해."

혜성이가 경찰에 연락을 했다. 그렇게 40분쯤 달렸을까? 12시가 다 되어 차는 인천의 작은 항구인 영구포에 도착했다. 주로 고깃배들이 들어오는 작은 항구인 영구포. 그렇다면!

"잘됐어. 현장에서 잡을 수 있겠는걸. 경찰들은 100미터 뒤에서 대기하라고 해."

어 형사가 명령을 내렸다. 그리고 아이들과 어 형사는 곧바로 차에서 내려 사람들의 눈에 띄지 않게 몸을 숨겼다.

잠시 후 정각 12시가 되자, 차 한 대가 조심스럽게 다가왔다.

"저 차다."

모두 숨죽이고 보고 있는데, 다가온 차는 마치 신호를 보내듯 전조등을 세 번 깜박였다. 그러자 유명진의 차에서는 네 번. 이 모든 상황을 볼 때 밀수 현장이 분명하다. 하지만 아직은 나갈 때가 아니다. 밀수품이 거래되는 순간에 나가야 한다.

이윽고 다가온 차에서 두 명의 남자가 내리더니, 차 트렁크에서 커다란 포대 자루를 꺼냈다. 그러자 곧이어 유명진과 이인자도 차에서 내려 포대 자루를 열어 보았다. 그러더니 만족한 표정으로 두 명의 남자에게 돈을 건네는 것이 아닌가. 그렇다면 바로 이때다! 어 형사가 벌떡 일어나 총을 겨누며 소리쳤다.

"꼼짝 마!"

동시에 아이들도 벌떡 일어났다. 그러고는 번개같이 달려들어 네 사람을 제압하니, 전혀 예상치 못한 상황에 네 명 모두 도망도 못 가고 그대로 무릎을 꿇고 말았다. 어 형사가 다가가 포대 자루 안에서 약을 꺼내 보니, 역시 예상대로 '왕멋져'였다.

"당신들을 밀수 혐의로 체포한다."

어 형사의 말이 끝나자마자 요란한 사이렌 소리와 함께 경찰차들이 도착했다. 알고 보니, 유명진과 이인자에게 물건을 댄 사람들은 중국 상인들. 결국 모두 밀수 혐의로 현장에서 체포되었다.

## 레이저 쇼를 보고

생각보다 쉽게, 그것도 현장에서 밀수범을 검거하는 쾌거를 이루었으니, 아이들도 어 형사도 기분이 좋았다. 물론 박 교장도 만족해 하는 눈치였다. 게다가 혹시나 크리스마스이브까지도 잠복해야 하지 않을까 하는 불안감이 들었는데, 딱 12월 24일 새벽에 사건이 깨끗하게 끝났으니, 정말 마음 편하게 크리스마스이브를 보낼 수 있게 되었다.

그런데 사건이 해결됐음에도 영재는 이상하게 찜찜한 마음이 떠나지 않았다. 사건 현장에서 몰수한 '왕멋져'는 모두 2,000통. 그 정도면 상당한 양인데, 어떻게 한꺼번에 그렇게 많은 양을 구했을까 하는 의문이 생겼기 때문이다. 사건이 해결되었다는 소식을 듣자, 영재의 작은아버지도 그 사실을 의아하게 여겼다.

"그러게 말이야. 어떻게 그 많은 약을 구했지? 난 한 번에 200통도 못 가져왔는데."

'그렇다면 혹시?'

영재는 퍼뜩 가짜 약이 아닐까 하는 생각이 들었다. 얼마 전 요즘 중국에서 가짜 약이 많이 들어온다는 뉴스를 본 기억이 났기 때문이다.

영재는 혹시나 해서 얼른 영재의 작은아버지가 보여 준 약과 밀수 현장에서 압수한 약을 비교했다. 그런데 아무리 자세히 보아도 포장부터 약 모양까지 똑같으니, 가짜라는 증거는 전혀 찾을 수 없었다.

'아닌가?'

그때였다. 달곰이가 황급히 뛰어 들어오며 소리쳤다.

"영재야, 가자! 놀이동산 가자!"

"놀이동산?"

"그래. 어 형사님이 놀이동산 데려가 주신대."

놀이동산이라는 말에 순간, 영재도 흥분해서 달곰이와 함께 쏜살같이 방에서 뛰어나오니, 벌써 어 형사와 요리, 혜성이가 기다리고 있었다.

"자, 그럼 모두 출발!"

그런데 놀이동산에 도착하자 더 놀라운 일이 벌어졌다. 바로 놀이동산 입구에서 요리의 사촌 언니인 한순정을 만난 것이다. 게다가 한순정을 보자 우리의 어 형사, 마치 애인 반기듯 친근하게 인사를 하는 것이 아닌가. 그렇다면 혹시 두 사람이?

"어, 순정 언니! 먼저 왔네!"

엥! 그럼 요리는 알고 있었다는 얘긴데!

"놀랐지? 두 분이 사귀신대."

"정말?"

달곰이, 혜성이, 영재가 동시에 소리를 질렀다. 그러자 어 형사가 쑥

스러운 듯 머리를 긁적이며 말했다.

"왜? 안 되냐?"

안 될 턱이 있나! 하기야 지난번 미국 갔다 온 날 공항에서 둘이 만날 때부터 분위기가 심상치 않더라니, 어느새 커플이라니.

여하튼 기다리고 기다리던 크리스마스이브에 놀이동산까지 왔으니, 모두 한껏 흥분해 신 나게 놀았다. 특히 놀이동산에 처음 온 달곰이는 모든 게 신기하고 정신이 없었다. 말로만 듣고 텔레비전에서만 보았던 환상적인 곳이었다. 그래서 시간 가는 줄 모르고 신 나게 놀다 보니, 어느새 저녁 7시. 이제 좀 쉴까 하는데, 신 나는 음악과 함께 크리스마스 축하 퍼레이드가 시작되었다. 아이들도 모두 퍼레이드가 지나가는 길에 자리 잡고 구경을 했다.

오늘 퍼레이드의 하이라이트는 바로 레이저 쇼. 갖가지 색깔의 레이저광선이 놀이동산 곳곳을 비추며 환상적인 모양을 만들어 내니, 여기저기에서 환호성과 박수 소리가 쉴 새 없이 터져 나왔다.

바로 그때였다. 영재의 머리에 무엇인가 번쩍 떠올랐다.

> **빛의 쇼, 레이저 쇼**
>
> 레이저 쇼는 레이저 광선을 쏘아 여러 가지 재미있는 그림을 보여 주기도 하고 글씨를 쓰기도 하는, 말 그대로 빛의 쇼라고 할 수 있지. 레이저에서 파란색, 초록색, 붉은색의 레이저 광선을 쏜 다음, 이 광선을 혼합하여 여러 색의 빛으로 바꾸어 화면에 나타나게 해. 이때 필요한 것이 수증기나 먼지 같은 입자야. 햇빛이 비치는 날 창문을 통해 빛이 들어오는 모습을 보면 작은 먼지들이 보이지? 이 먼지들이 빛을 반사하여 우리 눈에 보이게 하는 것처럼 입자들이 레이저 광선을 반사하여 우리가 광선을 볼 수 있게 하지.

'가만, 레이저 광선. 그래, 그걸 쏘아 보면 되겠다!'

영재는 갑자기 마음이 급해졌다. 빨리 학교로 돌아가 확인해 봐야겠다는 생각이 들었다.

"미안한데 나 먼저 갈게."

갑작스런 영재의 말에 모두 놀란 표정이었다.

"왜? 어디 아파?"

요리가 걱정스런 표정으로 물었다.

"아니. 궁금한 게 생각나서."

"궁금한 거?"

달곰이가 고개를 갸우뚱하며 물었다.

"아까부터 계속 이상하다는 생각이 들었는데, '왕멋져' 있잖아. 그거 혹시 가짜 약 아닐까?"

뜬금없는 영재의 말에 모두 어안이 벙벙. 혜성이가 황당하다는 듯 물었다.

"가짜 약이라니?"

"생각해 봐. 작은아버지 말씀으로는 '왕멋져'가 워낙 구하기 힘든 약이라 한 번에 200통 구하기도 힘들다고 하시더라고. 그런데 반짝이파가 밀수한 약은 그 양이 무려 2,000통이었어."

"그렇다고 가짜 약이라고 할 수 있나?"

"그래서 생각해 봤는데, 레이저 광선을 이용하면 될 것 같아."

"레이저 광선? 저거?"

달곰이가 물었다.

"응. 물체에 빛을 쏘면 물체가 저마다 특정한 파장의 빛을 내보내는 성질이 있거든. 그리고 이 성질을 이용하면 진짜와 가짜를 구별할 수 있지."

영재의 확신에 찬 대답에 혜성이는 고개를 끄덕였다.

"좋아. 그럼 가 보자."

혜성이가 나서니, 요리와 달곰이도 따라나섰다.

"그래, 가 보자."

결국 아이들은 모두 학교로 돌아오고 말았다.

 진짜? 아니면 가짜?

학교로 돌아온 아이들은 곧바로 물리 실험실로 향했다.

먼저 영재는 서랍에서 무엇인가를 조심스럽게 꺼내 보여 주었다. 그것은 바로 다이아몬드였다.

"자, 봐. 두 개의 다이아몬드 중에서 어떤 게 진짜일까?"

"글쎄, 모르겠다. 똑같은데."

정말 눈으로 보기에는 똑같아 보였다.

"좋아. 그럼 어떤 게 가짜인지 보여 줄게."

영재는 기계를 작동시켰다.

"이 기계가 레이저야. 레이저에서 나오는 광선은 한 가지 색깔만 나오는 단색광이고, 아주 가늘고 퍼지지 않아서 한 곳에 집중적으로 쏘아 보낼 수 있지. 레이저 광선을 다이아몬드에 쏘면 다이아몬드에 부딪히면서 다이아몬드에 에너지를 공급하고, 그 에너지를 받아서 다이아몬드에서 고유한 빛을 내. 그 빛을 분광기로 분석해서 스펙트럼으로 표시하면……. 여러 가지 빛 가운데 약간 다른 색의 빛이 아주 조금 섞인 것이 보이지?"

컴퓨터 화면으로 나타난 결과를 보니, 정말 스펙트럼 중에서 다른 색의 빛이 섞여 있었다.

"이게 진짜 다이아몬드야. 이 빛은 진짜 다이아몬드에서만 나타나거든."

"그럼 가짜는?"

그러자 영재는 나머지 다이아몬드에 레이저 광선을 쏘아 보여 주었다.

"어, 정말 다이아몬드의 스펙트럼에 있던 빛이 없다!"

"어때, 이 다이아몬드가 가짜라는 걸 확실히 알겠지?"

정말 신기했다. 겉으로 보기에는 아무리 눈을 씻고 봐도 똑같아 보였는데, 레이저 광선을 쏘니 금방 구분되는 것이었다.

"레이저 광선이 어떤 물체에 부딪히면 물체의 성질에 따라 특정한 파장의 빛이 나와. 그 빛을 분광기에 넣어 주면 빛이 파장에 따라 분산되는데, 이는 빛이 파장에 따라 굴절되는 정도가 다르기 때문이야. 마치 햇빛이 유리로 된 프리즘을 지나면 일곱 가지 색으로 나뉘는 것처럼 말이야."

"그래! 무지개도 그래서 생기는 거잖아. 빛의 분산 때문에."

혜성이가 아는 체를 했다.

"맞아. 그리고 그렇게 해서 나온 색깔 띠를 '스펙트럼'이라고 해."

"그러니까 다이아몬드에 레이저 광선을 쏘아서 나온 스펙트럼으로 진짜인지 가짜인지를 구별한다 이거네."

요리가 나름 논리적으로 정리하자, 달곰이가 생각난 듯 말했다.

"그럼 빨리 약도 실험해 보자."

"알았어. 먼저 작은아버지가 주신 약부터 실험해 볼게."

영재는 작은아버지가 가져온 '왕멋져'를 5개의 병에서 2개씩, 모두 10개를 꺼내 하나씩 레이저 광선을 쏘았다. 그랬더니 모두 똑같은 스펙트럼이 나왔다. 이는 약 표면의 코팅 층 두께와 약의 성분이 같다는 뜻이다.

그럼 밀수 현장에서 가져온 약은? 같은 방법으로 5개의 병에서 2개씩, 모두 10개의 약을 꺼내 레이저 광선을 쏘았다. 그랬더니 약마다 스펙트럼이 다른 것이 아닌가. 게다가 그중 진짜 약과 똑같은 것은 한 개도 없었다.

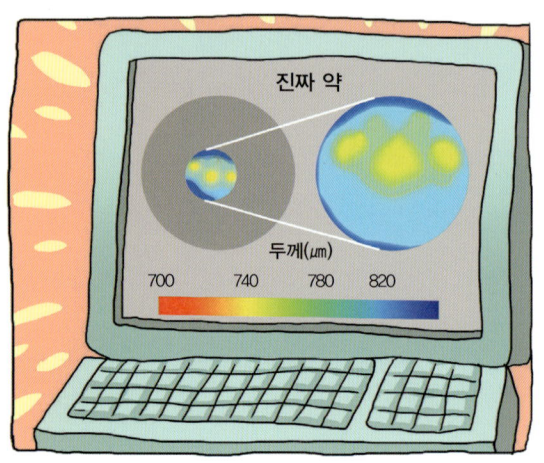
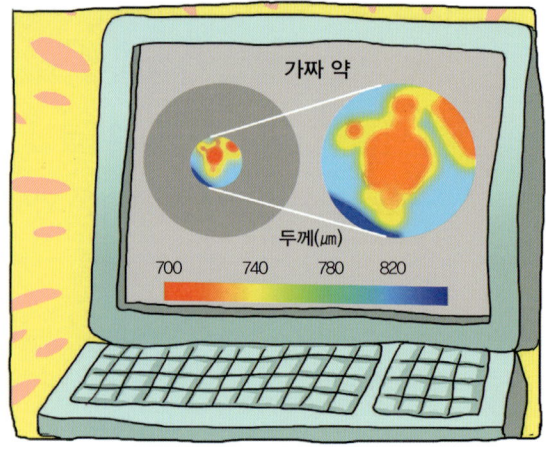

"가짜네!"

그렇다. 가짜 약이었다. 반짝이파는 밀수뿐만 아니라 가짜 약을 들여오는 범죄까지 저지른 것이었다.

곧바로 반짝이파 일당에 대한 재조사가 시작되고, 실험 결과를 증거로 추궁한 결과 반짝이파는 중국에서 제조한 가짜 약을 들여온 사실을 자백했다.

잘못했으면 단순 밀수로만 처리될 뻔했는데 영재의 추리와 끈질긴 실험 정신으로 가짜 약임이 밝혀졌으니, 이 얼마나 다행스런 일인가!

"그런데요. 이런 가짜 약 먹어도 괜찮아요? 먹으면 죽는 거 아니에요?"

요리가 걱정스런 표정으로 물었다. 그러자 박 교장이 대답했다.

"약 자체는 밀가루로 만든 것이라 몸에 크게 해가 되는 성분은 아니었어. 그리고 아파서 먹는 약이 아니라 종합 비타민제라 다행이었지."

또한, 곧바로 시중에 깔린 가짜 '왕멋져'는 모두 거두어들였으니, 그나마 다행이라면 다행이었다.

여하튼 어쩌다 보니, 기다리고 기다리던 크리스마스이브는 정신없이 지나가고 말았다. 하지만 범인도 잡고 놀이동산도 갔으니, 이제 선물만 받으면 되는데……. 산타 할아버지, 범인 잡는 착한 일을 했으니 선물 꼭 주세요. 꼭이요~.

## 영재가 들려주는 사건 해결의 열쇠

반짝이파에 의해 벌어진 밀수 사건. 그런데 그들이 들여온 약이 가짜라는 사실을 알아낸 사건 해결의 열쇠는 바로 빛에 대해 잘 아는 거야.

### 💡 빛의 파장

빛은 파동의 성질이 있어. 파동은 '마루'와 '골'이 반복되면서 진행하는데, 마루는 파동의 가장 높은 부분을 말하고 골은 가장 낮은 부분을 말해. 그리고 주기적으로 반복되는 파동을 관찰할 때, 마루와 마루 사이의 거리 또는 골과 골 사이의 거리를 '파장'이라고 해.

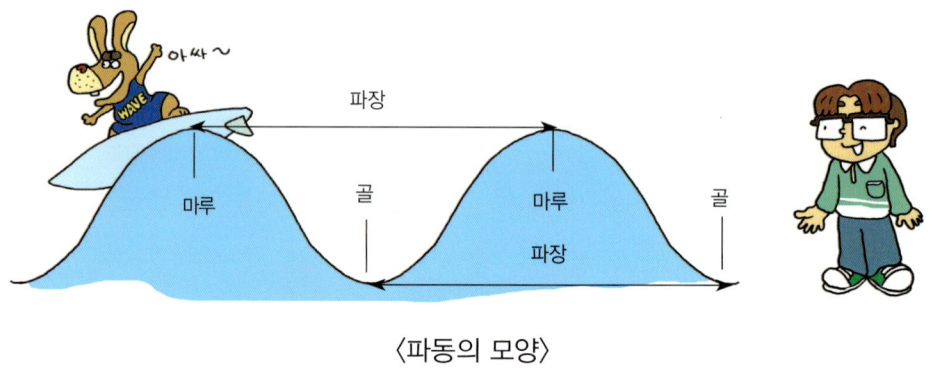

〈파동의 모양〉

### 💡 빛의 분산과 스펙트럼

낮에 햇빛을 보면 색깔이 없는 것처럼 보이지? 하지만 햇빛을 '프리즘'이라는 투명한 기둥 모양 유리에 통과시키면 빨강, 주황, 노랑, 초록, 파랑, 남색, 보라의 7가지 색깔로 나뉘는 것을 볼 수 있지. 이렇게 빛이 나뉘는 현상을 '빛의 분산'이라고 해.

 그렇다면 빛은 왜 분산될까? 빛은 한 물질에서 다른 물질로 갈 때 꺾여. 그런데 빛이 꺾이는 정도는 빛의 파장에 따라 달라져. 빛의 파장이 짧을수록 더 많이 꺾이기 때문에, 파장이 가장 짧은 보라색이 가장 많이 꺾이고 파장이 가장 긴 빨간색이 가장 적게 꺾이지.

 비가 온 후 뜨는 무지개는 빛의 분산 현상의 대표적인 예야. 하늘에 떠 있던 물방울이 햇빛을 만나면 프리즘과 같은 역할을 해서 햇빛이 꺾이면서 분산되기 때문에 무지개가 생기는 거지.

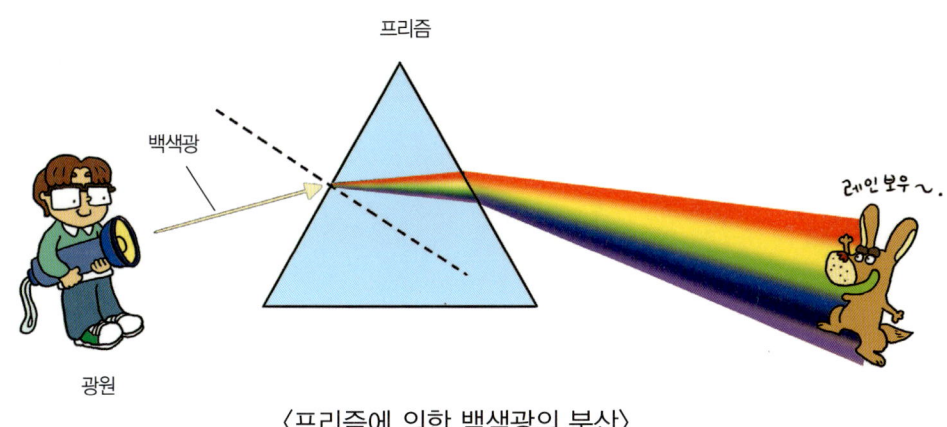

〈프리즘에 의한 백색광의 분산〉

 이렇게 분산에 의해 나타난 빛의 띠를 '스펙트럼'이라고 불러. 이 중 끊기지 않고 연속적으로 나타나는 스펙트럼을 '연속 스펙트럼'이라고 해. 여러 파장의 빛이 섞인 햇빛, 백열등의 빛 등에서 나타나지.

 반면에 연속되지 않고 가느다란 선으로 이루어지는 스펙트럼을 '선 스펙트럼'이라고 해. 네온사인이나 레이저 광선 등 한 가지 원소에서 나오는 빛에서 나타나고, 선의 색깔과 위치는 원소에 따라 달라지지.

그런데 연속 스펙트럼을 기체에 통과시키면 통과시킨 기체의 특성에 따라 몇몇 파장의 빛은 기체에 흡수되고 나머지 빛만 통과해. 그러면 연속 스펙트럼에 군데군데 가느다란 까만 선이 나타나. 이런 스펙트럼을 '흡수 스펙트럼'이라고 해. 그에 비해 앞에서 본, 색깔이 나타나는 두 가지 스펙트럼은 '방출 스펙트럼'이라고 하지.

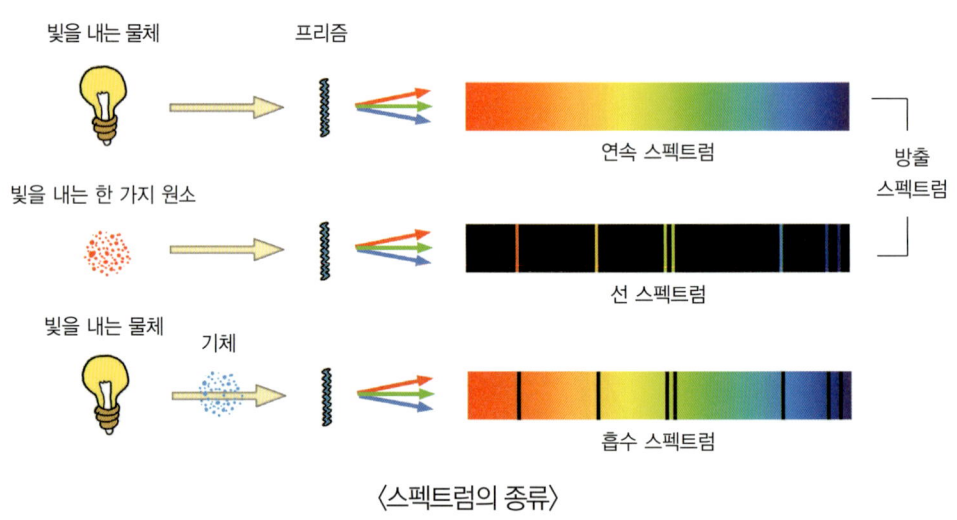

〈스펙트럼의 종류〉

### 💡 레이저 광선이란?

'레이저'는 폭이 좁고 강한 빛을 만드는 장치야. 레이저 광선을 발생시키는 물질에 섬광 램프로 강한 빛을 주면, 그 물질을 이루는 원자가 에너지를 받아 들뜬 상태가 돼. 이 원자는 원래 상태로 돌아가면서 받았던 에너지를 빛으로 내놓지. 이때 내놓는 빛은 원자가 받은 빛과 에너지와 나아가는 방향이 같아. 그래서 빛의 세기는 두 배가 되지. 레이저 양쪽의 거울이 빛을 계속 반사하면서 이런 과정이 반복되고, 점점 강한 빛이 생겨. 그 빛이 '레이저 광선'이야.

레이저 광선은 보통 한 가지 색깔만 가지고 있는 단색광이야. 빛의 색깔은 레이저 광선을 발생시키는 물질에 따라 정해지는데, 아르곤에서는 푸른색, 이산화탄소에서는 무색, 루비에서는 붉은색 레이저 광선이 나와.

레이저 광선은 빛의 세기가 아주 강하고 폭이 좁아. 게다가 퍼지지 않아서 한 곳에 집중적으로 쏠 수 있기 때문에 아주 많은 곳에 이용되고 있어. CD에서 음악을 듣는 데 쓰고, 물건에 기록된 바코드를 읽는 데에도 쓰이고, 멀리 있는 물체를 가리키는 데에도 쓰이지. 또한, 미사일을 목표물에 정확하게 보내고, 통증 없이 눈 수술을 하며, 멋진 레이저 쇼를 하기도 하지.

이런 레이저 광선은 모르는 물질을 알아내는 데에도 유용하게 쓰여. 특정한 파장의 레이저 광선을 어떤 물질에 쏘면 물질에 따라 다른 파장의 빛을 내는데, 그 빛의 스펙트럼을 분석해 보면 그 물질이 어떤 물질인지 알 수 있지.

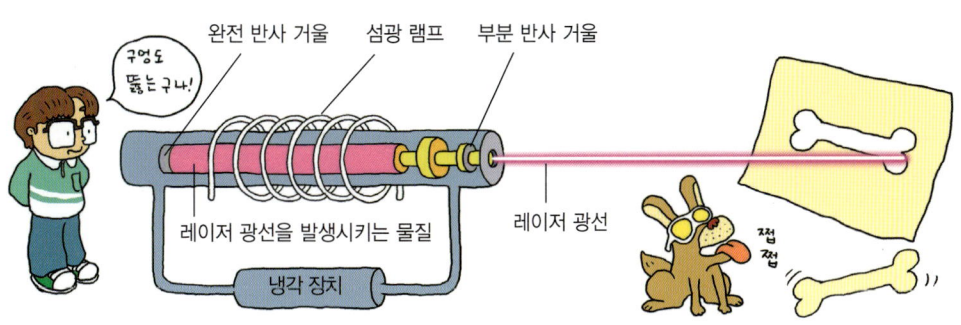

〈레이저의 구조와 레이저 광선 방출〉

그러니까 생각해 봐. 가짜 약은 겉으로 보기에 진짜와 너무도 똑같아 보였어. 그런데 **레이저 광선을 가짜 약에 쏘아 스펙트럼을 분석**해 보니, 진짜 약과는 전혀 다르다는 것을 알 수 있었지. 어때, 이젠 알겠지?

■ 핵심 과학 원리 – 금속의 성질

# 아버지가 남긴 선물

"그래서 온 거예요. 아버지가 그냥 흰 종이만 남기셨을 리가 없어요. 뭔가 글이 씌어 있을 텐데 어떻게 하면 유서를 읽을 수 있는지 모르겠어요."

## 아버지와 아들

드디어 겨울 방학이 시작되었다. 달곰이는 지리산으로 내려가고 다른 아이들도 각자의 집으로 돌아갔다. 그러나 방학은 딱 일주일. 연말과 연초를 집에서 보낸 후 1월 3일부터는 겨울 캠프가 시작되기 때문이다.

솔직히 너무 짧은 시간이긴 하지만 한 학기 내내 현장 수행 평가를 치르느라 워낙 고생을 한 아이들에게 일주일의 방학은 정말 금쪽 같은 휴식이었다. 모두 그동안 못한 일들을 하겠다고 계획을 잔뜩 세웠다. 물론 혜성이도 마찬가지였다.

'그동안 못 만난 초등학교 친구들도 만나고, 엄마 아빠랑 스키장도 가고, 노래방도 가야지.'

혜성이는 그렇게 신 나게 놀 계획으로 한껏 부풀어 있었는데……. 그러나 막상 집에 도착하니, 세상만사 다 귀찮아졌다. 게다가 날도 워낙 추워서 밖에 나갈 엄두가 나지 않아 혜성이는 하루 종일 집에서 빈둥빈둥, 하는 일 없이 그냥 시간을 보내고 있었다.

그러던 사흘째 되는 날 아침이었다. 혜성이가 막 아침을 먹고 방으로 올라가려고 하는데, 초인종 소리가 울렸다. 아침부터 누군가 하며 인터폰을 보니, 한 남자가 서 있었다.

"누구세요?"

"여기가 고민아 교수님 댁이죠?"

고민아 교수님. 혜성이의 엄마다.

"그런데요. 누구세요?"

"제자인데요. 한민성이라고. 교수님 좀 뵙고 싶어서 왔는데, 계신가요?"

"아, 네. 잠깐만 기다리세요."

마침 혜성이 엄마는 마루에서 신문을 보고 있었다.

"엄마 제자라는데요. 한민성이라고."

그렇게 아침 일찍 혜성이네 집을 찾아온 손님은 혜성이 엄마가 지질학과 교수로 있는 가나 대학교 서양화과 1학년 학생이었다. 큰 키에 긴 머리, 감각 있는 옷차림만 보고도 한눈에 예술가라는 느낌이 확 풍기는 사람.

"지난 학기에 '과학과 미술의 만남' 과목을 들은 학생 맞지?"

"네, 기억하시네요."

'아, 그래서 미대 학생이 엄마를 아는 거구나!'

혜성이는 그렇게 생각하며 무심코 자리에 앉아 있었다.

"당연하지. 한 학기 내내 맨 앞에 앉아 있었잖아. 그런데 웬일이지? 나를 다 찾아오고."

혜성이 엄마의 물음에 환하게 웃던 한민성의 얼굴이 약간 굳어지는가 싶더니, 이내 혜성이를 가리키며 물었다.

"저, 아드님 맞죠?"

'엥? 갑자기 나는 왜?'

혜성이는 웬일인가 싶었다. 혜성이 엄마가 대답했다.

"어, 그런데……."

"아드님이 그 유명한 '어린이 과학 형사대 CSI' 대원이 맞나요?"

갑작스런 질문에 혜성이 엄마와 혜성이는 둘 다 어리둥절했다. 혜성이가 대답했다.

"네, 맞아요."

그러자 안도의 한숨을 내쉬며 말하는 한민성.

"휴, 정말 다행이에요. 저……. 부탁할 게 있어서 왔는데요."

한민성은 품에서 하얀 편지 봉투 하나를 꺼냈다.

"이건 저희 아버지가 제게 남기신 유서입니다."

"유서?"

"네. 저희 아버지는 3년 전 폐암으로 갑자기 돌아가셨어요. 혹시 아실까 모르겠네요. 화가셨거든요. 한, 그, 자, 림 자 쓰셨는데……."

한그림? 아니, 그럼 그 유명한 서양화가 한그림이 바로 한민성의 아버지란 말인가. 한그림은 우리나라 일류 화가 중 한 사람. 초등학생 이상이면 누구나 다 아는 사람이다.

"어머나, 그렇구나! 네가 한그림 화백 아들이구나. 몰랐다. 그럼 이 유서는 한 화백이 남기신 거란 말이네."

"네. 아버지가 돌아가시기 며칠 전에 학교에서 돌아와 인사를 하러 갔는데 아버지가 주시더라고요. 아무도 몰래. 그러고는 말씀하셨어요. 절대 지금 보지 말고 내가 죽은 뒤 3년이 지난 후에 보라고."

"3년이 지난 후에?"

혜성이 엄마가 물었다.

"네. 그리고 지난 토요일이 아버지가 돌아가신 지 딱 3년이 되는 날이었거든요. 그래서 아버지 말씀대로 유서를 열어 봤죠. 그런데 보세요."

아니, 이게 어찌된 일인가. 종이에는 아무것도 씌어 있지 않았다.

"어? 아무것도 안 씌어 있는데!"

혜성이 엄마가 황당하다는 듯 말했다.

"그래서 온 거예요. 아버지가 그냥 흰 종이만 남기셨을 리가 없어요. 뭔가 글이 씌어 있을 텐데 어떻게 하면 유서를 읽을 수 있는지 모르겠어요. 좀 도와주세요. 혜성아, 좀 도와줘."

한민성이 혜성이 엄마와 혜성이를 번갈아 보며 애원하듯 말했다. 가만, 그렇다면 이것은 남들이 보지 않게 하려고 특별한 방법으로 쓴 비밀 유서! 그리고 혜성이가 '어린이 과학 형사대 CSI' 대원이라는 소문을 듣고 아버지가 남긴 백지 유서를 볼 수 있는 방법을 찾으려고 왔다는 말인데. 그러나 혜성이가 이리 보고 저리 봐도 한 글자도 보이지 않았다.

바로 그때, 혜성이는 갑자기 어 형사에게 들은 이야기가 생각났다. 요리가 처음 CSI의 화학 형사로 들어오게 된 사건에 대한 이야기. 김장녀라는 요리 연구가가 요리 비법을 적어 놓은 책을 찾아 달라고 부탁했는데, 아무것도 씌어 있지 않은 책에서 글씨가 나타나게 함으로써 사건을 해결했다는 이야기였다. 그래, 바로 그거야!

"잠깐만요. 이 분야에 전문인 친구가 있거든요. 오라고 할게요."

혜성이는 얼른 요리에게 전화를 했다. 그리고 예상대로 요리는 눈썹이 휘날리게 혜성이의 집으로 달려와 주었다. 게다가 오면서 영재까지 불렀으니, 지리산에 내려간 달곰이를 빼고 세 명의 대원들이 다시 한자리에 모인 것이다. 며칠 못 본 것뿐인데도 아주 오랜만에 만난 것처럼 반가우니, 그동안 정이 들긴 많이 들었나 보다.

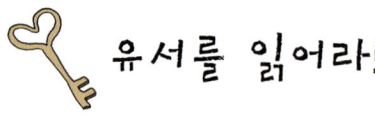
유서를 읽어라!

"혹시 종이를 잘못 넣으신 게 아닐까?"

한참을 이리 보고 저리 보던 영재가 고개를 갸우뚱하며 물었다. 그러자 한민성이 대답했다.

"그럴 리 없어. 아버지는 굉장히 꼼꼼하신 분이었거든. 그런 실수는 절대 안 하셨을 거야."

바로 그때였다. 요리가 혜성이에게 물었다.

"혜성아, 집에 요오드팅크 있어? 다쳤을 때 바르는 약 말이야."

"아, 있어. 잠깐만."

혜성이는 벌떡 일어나 약을 가지러 갔다. 그러고는 작은 플라스틱 병에 담긴 요오드팅크를 가지고 왔다. 그런데 약을 받은 요리가 갑자기 종이에 요오드팅크를 톡! 떨어뜨렸다. 모두 기겁을 하여 소리쳤다.

"안 돼!"

"지금 뭐 하는 거야?"

혜성이가 황당하다는 듯 묻자, 요리가 별 걱정을 다 한다는 듯 대답했다.

"어유~, 걱정 마. 자, 봐."

요리가 내민 종이를 보니, 이게 어찌 된 일인가. 요오드팅크를 떨어뜨린 부분이 보라색으로 바뀌었다. 그리고 군데군데 색이 변하지 않고 흰색으로 남은 부분이 보였다.

"가만, 이거 무슨 글자 같은데!"

영재가 놀라며 말했다. 혜성이가 물었다.

"어떻게 된 거야?"

요리가 대답했다.

"요오드팅크에는 요오드가 들어 있어. 요오드는 녹말을 만나면 보라색으로 변하는 성질이 있거든."

"아, 알았다. 그럼 종이에 녹말로 글을 써 놓은 거구나!"

영재가 알겠다는 듯 말하자 요리는 고개를 저으며 대답했다.

"아니! 그렇다면 보라색 글씨가 나타났어야지. 잘 봐. 종이가 보라색으로 변했고, 글씨 부분은 흰색 그대로 있잖아."

요리의 말대로였다.

"자, 더 칠해 볼게."

요리는 조심스럽게 종이에 요오드팅크를 칠했다. 그랬더니, 정말 마술처럼 흰 글씨가 드러나기 시작했다.

"종이에는 녹말 성분이 들어 있거든. 녹말은 요오드를 만나면 화학 반응을 일으켜 보라색의 새로운 물질을 만들어. 감자나 식빵에 요오드 용액을 떨구면 보라색으로 변하는데, 그건 감자나 식빵에 녹말이 들어 있기 때문이지."

"그런데 왜 글씨 쓴 부분은 안 변한 거지?"

이제껏 가만히 보고만 있던 한민성이 물었다.

"그건 비타민 C 용액이나 레몬즙 같은 것으로 글씨를 썼기 때문이에요. 비타민 C, 즉 아스코르빈산이 요오드와 만나면 색깔이 없는 새로운 물질이 생기거든요. 그러니까 종이에 비타민 C 용액이나 레몬즙으로 글씨를 쓴 다음 말리면 마치 아무 글자도 안 쓴 백지 같지만, 요오드를 칠하면 글자 부분에는 색깔이 없는 물질이 생기고 종이 부분에는 보라색의 물질이 생기면서 글자가 하얗게 나타나는 거죠."

요리의 설명에 혜성이가 이제야 알았다는 듯 고개를 끄덕이며 말했다.

"알았다. 그러니까 요오드와 만나면 보라색으로 변하는 녹말과 무색으로 변하는 아스코르빈산의 성질을 이용해 비밀 편지를 쓴 거구나!"

"그렇지. 자, 이제 읽어 보세요."

요리가 한민성에게 글자가 나타난 유서를 내밀었다. 한민성은 조심스럽게 유서를 받아 들고는 읽기 시작했다.

사랑하는 나의 아들 민성이에게

  너를 혼자 남겨 두고 가려니 마음이 너무 아프다. 내가 너를 얼마나 사랑하는지 알지? 그래서 나의 마음을 대신하여 네게 한 가지 선물을 남긴다. 너의 열 번째 생일에 우리가 함께 심은 은행나무 기억하지? 그 밑을 파 보거라.
  그리고 옆의 그림은 열쇠의 모양이다.
  널 사랑하는 아빠의 마음을 언제나 기억해 주길 바란다.
  사랑한다, 아들아!

"흑흑흑. 아버지~, 아버지~."

한민성은 유서를 읽자마자 눈물을 펑펑 흘리기 시작했다. 돌아가신 아버지가 너무 그리워, 그리고 아버지의 큰 사랑이 새삼 떠올라 도저히 눈물을 참을 수가 없었던 것이다. 아이들과 혜성이 엄마도 눈시울이 붉어지고 목이 메어 아무 말도 할 수 없었다. 잠시 후, 혜성이 엄마는 한민성의 어깨를 두드리며 위로했다.

"아버지가 널 정말 많이 사랑하셨구나. 특별한 선물을 남기신 걸 보니."

그러자 한민성은 하염없이 흐르는 눈물을 닦으며 말했다.

"네. 아버지는 제게 새로운 삶을 주신 분이에요. 사실 아버지는 저의 친아버지가 아니에요."

순간, 모두 깜짝 놀랐다.

"친아버지가 아니라고?"

혜성이 엄마가 물었다.

"네. 전 태어나자마자 버려졌고, 일곱 살에 입양되기 전까지는 고아원에서 자랐어요. 사실 아버지도 고아셨대요. 그래서 오랫동안 남몰래 제가 있던 고아원을 돌봐 주셨죠. 그러면서 그림 그리기를 좋아하는 저에게 그림도 그려 주시고 가르쳐 주기도 하셨는데, 그러던 어느 날 아버지가 저를 아들로 입양해 주셨죠."

"그랬구나! 몰랐다. 정말 좋은 분이었구나. 그런데 좀 이상하네. 네게 선물을 주고 싶으면 돌아가시기 전에 그냥 네게 물려주시면 되는데, 이렇게 비밀스럽게 유서를 남기신 이유는 뭐지?"

"어머니와 형 둘이 제가 입양될 때부터 저를 탐탁지 않게 생각하셨어요. 대놓고 구박하진 않으셨지만 언제나 차갑게 대하셨죠. 그걸 아버지도 알고 계셨어요."

그래서 아버지인 한그림 화백은 자신이 세상을 떠나면 더욱 대우받지 못하고 살 양아들을 위해 자신의 마음을 전하고 싶었던 것이다. 아무도 모르게…….

그렇다면 아버지는 아들에게 과연 무엇을 남겨 주었을까?

##  아버지가 남긴 선물

유서에 씌어 있는 은행나무는 경기도 소담리에 있는 한민성네 별장에 있었다. 마침 한민성의 어머니와 형들이 한민성만 남기고 모두 해외 여행을 갔다고 해서, 아이들은 한민성을 따라 별장으로 갔다.

은행나무는 별장 뒷마당에 있었다. 한민성이 열 살에 한그림 화백과 함께 심었다는 그 나무는 어느덧 꽤 크게 자라 있었다. 아이들과 한민성은 각자 한 군데씩을 맡아 은행나무 주변을 파헤치기 시작했다. 겨울인데다가 워낙 추운 날이 며칠 동안 계속된지라 땅은 꽁꽁 얼어 있었다. 삽이 잘 들어가지 않을 정도였으니……. 하지만 쌀쌀한 날씨가 무색하리만큼 모두 땀을 뻘뻘 흘리며 땅을 파 내려갔다.

그렇게 10분쯤 팠을까? 혜성이의 삽에 뭔가 둔탁한 느낌이 전해졌다. 자세히 보니, 흙 사이로 판판한 상자 윗면이 보였다. 혜성이는 너무 기뻐 소리를 질렀다.

"찾았다. 찾았어. 하하하하."

"정말? 어디 어디……."

순식간에 모두 몰려들었다. 정말 흙 사이로 상자가 보였다. 그러자 누가 먼저랄 것도 없이 모두 달라붙어 땅을 파기 시작했고, 점점 상자의 윤곽이 드러났다. 쇠로 만든 커다란 상자였다. 아마 오랜 기간 땅속에 있어도 썩지 않도록 하기 위해 쇠로 만들었으리라.

"열어 보세요."

혜성이가 한민성에게 상자를 내밀며 말했다. 감격스러운 표정으로 상자를 받아 든 한민성. 그런데 어쩌나! 상자가 잠겨 있다. 상자를 살펴보니 작은 열쇠 구멍이 하나 있기는 한데…….

"잠겨 있어. 열쇠가 있어야 해."

"열쇠요? 가만, 유서! 유서 좀 보여 주세요."

영재의 말에 혜성이도 생각났다. 유서에 분명히 열쇠 모양의 그림이 있었다. 한민성은 얼른 유서를 보여 주었다. 끝에 하트 모양 손잡이가 달린 기다란 열쇠. 이제 이 열쇠를 찾아야 한다.

"찾아보자. 여기 어디 있을 거야."

아이들은 다시 열쇠를 찾기 시작했다. 그리고 잠시 후, 요리가 흙 속에서 또 다른 작은 상자 하나를 발견했다.

"찾았어. 이거야."

요리는 얼른 상자의 뚜껑을 열었다.

"엥? 이게 뭐야!"

열쇠가 아니었다. 마구 뭉쳐 놓은 듯한 굵은 철사 뭉치였다. 유서에 그려진 열쇠 모양과는 전혀 다른 것이었다.

"모양이 달라."

혜성이의 말에 영재도 고개를 갸우뚱하며 말했다.

"쓰다 남은 철사를 구겨 놓은 것 같은데!"

정말 알다가도 모를 일이었다. 큰 상자와 같이 묻어 두었다면 상자의 열쇠가 분명한데, 전혀 열쇠의 기능을 할 수 없는 모양이다. 이것으로 어떻게 상자를 연단 말인가! 모두 황당한 표정으로 서로를 쳐다보고 있는데, 영재가 나름대로 추리를 내놓았다.

"혹시 누군가 먼저 발견해서 열쇠로 상자를 열고 안에 들어 있는 걸 가져간 게 아닐까? 그러고 나서 열쇠 대신 철사 뭉치를 넣어 둔 거야."

혜성이도 동의하고 나섰다.

"그래, 그럴 수도 있겠다. 혹시 의심 가는 일 없었어요?"

그러자 한민성은 잘 모르겠다는 표정으로 대답했다.

"글쎄……. 아버지가 꼭 3년 후에 보라고 하셔서 이제껏 아무한테도 안 보여 줬는데……. 아! 얼마 전 형들이 이상한 말을 하긴 했어."

"이상한 말이요?"

"응. 혹시 아버지가 나한테만 몰래 남겨 주신 거 없냐고. 있으면 솔직히 말하라고."

"그래요?"

아버지가 남긴 선물

그동안 한민성의 어머니와 형들은 아버지인 한그림 화백의 작품을 팔아 굉장히 호화스런 생활을 했다고 한다. 물론 한민성에게는 전혀 해당 사항이 없었다. 입양할 때부터 맘에 안 들어 했으니, 아버지가 세상을 떠난 다음의 구박은 오죽했으랴. 겉으로 드러내지는 않았지만 한민성은 언제나 혼자였고, 가족으로 대접받지 못했다. 그러니 해외 여행을 가면서도 한민성만 쏙 빼고 갔겠지.

게다가 아무도 일을 하지 않는 상황에서 호화스런 생활을 하다 보니, 한그림 화백이 남긴 작품은 순식간에 여기저기로 팔려 나가고 이제 얼마 남지 않았다고 한다. 그렇게 되니, 한민성에게 애틋했던 한그림 화백의 마음을 알고 있는 형들은 한그림 화백이 혹시 자신들 몰래 뭔가를 남겨 주지 않았을까 가끔 의심하는 말을 했다는 것이다. 그렇다면 형들이 범인?

그러나 요리는 반대하고 나섰다.

"아니야. 만약 누군가 유서를 보고 상자를 먼저 발견했다면, 유서가 백지 상태로 남아 있지는 않았을 거야. 글자가 다 나타난 상태였겠지."

"유서는 못 봤지만 다른 이유로 땅을 파다가 이 큰 상자를 발견했을 수도 있지."

영재의 말에도 일리가 있다. 이때 혜성이가 의문을 제기했다.

"그럼 왜 상자를 다시 묻어 뒀을까? 게다가 열쇠도 아닌 이상한 철사 뭉치와 함께."

"내 생각에 형들이나 어머니가 상자를 먼저 발견했다면 이렇게 다시 땅에 묻지 않았을 거야. 그렇게 치밀한 분들이 아니거든."

한민성도 요리와 같은 생각이었다.

"그럼 결론은 이게 바로 열쇠란 말인데, 왜 모양이 이렇지? 혹시 땅속에 오래 묻혀 있어서 모양이 변했나?"

영재의 말에 혜성이는 말도 안 된다는 듯 말했다.

"에이, 땅속에 묻었다고 열쇠 모양이 변하면 이 쇠 상자도 변했어야지."

맞는 말이다. 그때였다. 철사 뭉치를 들고 이리저리 살펴보던 요리가 뭔가 짚이는 것이 있는 듯 말했다.

"이 철사 뭉치 말이야. 철로만 만들어졌으면 꽤 묵직할 텐데, 상당히 가벼운데! 아무래도 합금 같아."

"합금?"

"응. 금속의 장점을 살리고 약점을 보완하기 위해 한 가지 금속에 다른 금속이나 금속이 아닌 물질을 한 가지 이상 첨가한 금속을 '합금'이라고 해. 예를 들면 철은 녹이 슬잖아? 그런데 철에 크롬과 니켈이라는 두 가지 금속을 첨가하면 녹이 슬지 않고 강한 산성 물질과 닿아도 녹지 않는 '스테인리스강'이라는 새로운 금속이 돼."

"스테인리스강? 아, 알았다! 냄비에 많이 쓰이는 거 맞지?"
혜성이가 아는 척을 했다. 요리가 말을 계속했다.
"그래. 그리고 한 가지 더 이상한 게 있어. 한 화백님은 왜 유서에 열쇠 모양을 그려 두셨을까? 그냥 열쇠가 있으니 그걸로 열어라 하면 될 것을 굳이 열쇠 모양을 그려 두신 건 분명히 다른 뜻이 있는 게 아닐까?"
"그럼 결론은 하나네. 이 철사 뭉치를 그 열쇠 모양으로 바꾸면 되겠네."
영재의 말에 혜성이가 동의했다.
"그래, 바로 그거야! 철사를 풀어서 다시 열쇠 모양으로 만드는 거야."
바로 그때였다. 요리의 머리에 뭔가 번뜩 떠올랐다. 요리는 저도 모르게 소리를 지르고 말았다.
"잠깐! 알았어. 비밀을 알았어! 이건 그냥 합금이 아니야. 일단 학교로 가보자. 어떤 금속으로 만든 합금인지 먼저 조사해 봐야겠어."

## 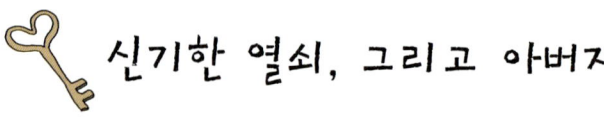 신기한 열쇠, 그리고 아버지의 사랑

아이들과 한민성은 곧바로 학교로 향했다. 학교에 들어서자마자 아이들은 어 형사와 딱 마주쳤다.
"어 형사님!"
"엥? 방학인데 학교는 왜 왔냐? 아, 나 보고 싶어 왔구나! 하기야 내가 없는 나날은 팥 없는 찐빵이요, 딸기 없는 딸기 아이스크림이지. 하하하!"

역시나 우리의 어 형사, 떡도 안 드셨는데 김칫국부터 참 잘도 드신다. 그러나 이런 일이 한두 번도 아니고, 이젠 아이들도 그러려니 한다.

"네. 어 형사님 보고 싶어서 왔어요."

어 형사는 요리의 맞장구에 흡족한 미소를 띠고 나서야 아이들 옆에 서 있는 한민성이 눈에 들어왔다.

"그런데 누구지?"

혜성이가 한민성을 소개하고 그와 아버지 한그림 화백, 들고 온 상자에 얽힌 이야기를 풀어 놓자, 어 형사도 아는 척을 했다.

"한그림 화백이라면 나도 잘 알지. 그 작품이 뭐더라……. 울, '울고 싶은 어린이'? 맞지?"

그러자 한민성은 살짝 미소를 지으며 대답했다.

"네, '울고 싶은 아이'요."

"아, 맞다! 울고 싶은 아이! 그 그림 진짜 유명했잖아. 가만, 그런데 한 화백 돌아가시고 그 그림 없어졌다고 난리 났었는데! 어떤 도둑이 그림틀만 남기고 그림만 쏙 가져갔다지, 아마."

"맞아요. 그랬어요."

"그래! 그래서 경찰에서 수사하고 막 그랬는데……. 아직 못 찾았나?"

"네, 아직 못 찾았어요."

"쯧쯧, 도대체 누가 가지고 간 거야. 그런 놈들은 그냥……."

이런! 우리의 어 형사, 또 오버한다. 눈치 빠른 요리가 얼른 상황 정리를 하고 나섰다.

"어 형사님, 그 이야기는 이따 하시고, 일단 상자부터 열어 보는 게 어떨까요?"

"아, 그래. 미안, 미안. 헤헤헤."

화학 실험실로 가자, 요리는 먼저 '금속 성분 분석기'를 꺼냈다. 금속 성분 분석기를 철사 뭉치에 갖다 대자, 자동으로 금속의 성분이 표시되었다. 결과는 니켈과 티탄이 50:50.

"맞아. 이건 '니티놀'이라는 형상 기억 합금이야."

"니티놀?"

"형상 기억 합금?"

처음 듣는 말에 모두 눈이 동그래졌다.

"응. 니티놀은 니켈과 티탄을 반반씩 섞어 만든 합금인데, 이 합금은 아주 특수한 성질이 있어. 일정한 온도에서 자기가 어떤 모양을 하고 있었는지 기억하고 있어서, 아무리 다른 모양을 하고 있어도 그 온도에 이르면 본래의 모양으로 되돌아오지."

> **니켈과 티탄**
>
> 니켈은 흰색을 띠는 금속인데, 자성이 강하고 쉽게 녹슬지 않아. 건축 자재나 전지를 만들 때 많이 써. 티탄은 은회색을 띠는 가벼운 금속인데, 강철보다 강하면서도 철사처럼 길게 뽑아 쓸 수 있어. 비행기나 기계에 많이 쓰지.

"아, 그러니까 형상을 기억하고 있는 합금이라고 해서 '형상 기억 합금'이라고 하는구나!"

혜성이가 알았다는 듯 말했다.

"그래. 잠깐만, 내가 보여 줄게."

그러더니 요리는 상자 안에 들어 있던 철사 뭉치를 작은 그릇에 담았다. 그러고는 물을 끓였다. 도대체 무엇을 하려는 것인지…….

잠시 후 물이 끓자, 요리는 그 물을 천천히 철사 뭉치에 부었다. 그랬더니 이게 어찌된 일인가. 철사 뭉치가 마치 실 풀리듯이 스르르 풀리더니, 순식간에 열쇠 모양으로 바뀌는 것이 아닌가! 그것도 유서에 그려져 있던 것과 똑같은 모양으로.

"우아!"

탄성이 저절로 나왔다. 마치 마법 같은 일이 눈앞에서 펼쳐진 것이다.

"어떻게 된 거야?"

혜성이가 놀란 표정으로 물었다. 그러자 요리는 그 열쇠를 다시 찬물에 넣으면서 말했다.

"자, 다시 봐. 어떻게 되는지."

그러고는 열쇠를 손으로 마구 구기자, 열쇠는 다시 철사 뭉치가 되었다. 놀란 혜성이가 핀잔을 주었다.

"헉, 왜 그래! 기껏 제대로 만들었는데."

그러자 요리는 별일 아니라는 듯 웃으며 대답했다.

"하하하. 걱정 마. 다시 만들면 되니까."

요리는 또 뜨거운 물을 철사에 부었다. 그러자 요리의 말대로 다시 열쇠 모양으로 싹~, 정말 마법의 철사라고 해도 과언이 아니었다. 혜성이는 이제야 형상 기억 합금이 뭔지 이해할 수 있었다.

"그러니까 여기 있는 이 합금은 일정 온도 이상만 되면 원래의 열쇠 모양으로 되돌아가게 만든 합금이란 말이지?"

"그렇지. 모든 물질은 원자가 결합해 만들어지잖아. 금속도 마찬가지지. 형상 기억 합금은 일정 온도에서의 모양을 원자 배열로 기억하고 있어. 그래서 그 온도 이하에서 힘을 가하면 모양은 바뀌지만 원자의 배열 자체는 달라지지 않지. 그렇기 때문에 다시 그 온도가 되면 원래 모양으로 되돌아가는 거야."

"진짜 신기하다. 내 평생 이렇게 신기한 건 처음 본다, 처음 봐."

어 형사가 괜히 더 흥분해 이리 보고 저리 보고 수선을 떨었다.

그런데 갑자기 한민성은 옛날에 있었던 한 장면이 번뜩 떠올랐다.
"맞다! 이제 기억난다."
기억나? 뭐가? 모두 한민성을 쳐다보았다.
"내가 6학년 때인가? 아버지 친구분 중에 금속 공예를 하는 분이 계셨거든. 그분 작업실에 따라간 적이 있어. 그때 아버지가 신기한 걸 보여 주겠다고 하시면서 바로 이런 걸 보여 주셨어. 기다란 철사에 뜨거운 물을 부으니까 순식간에 꼬불꼬불한 용수철 모양이 되더라고. 진짜 신기하다는 생각을 했는데, 아버지는 그걸 기억하시고 이렇게……."
그렇다면 한그림 화백은 한민성과의 추억을 생각하고, 한민성만이 기억할 수 있도록 특수한 열쇠를 만든 것이었다.

"죄송해요, 아버지. 제가 기억하지 못해서. 흑흑흑."

그러자 어 형사가 한민성의 어깨를 두드리며 위로의 말을 했다.

"괜찮아요. 이제 기억했잖아요."

"맞아요. 그러니까 얼른 열어 보세요."

요리가 열쇠를 건네며 말했다.

드디어 개봉 박두. 모두 긴장된 표정. 한민성이 상자에 있는 열쇠 구멍에 열쇠를 꽂고 살짝 돌리니, 바로 딸깍! 뚜껑이 열리는 소리가 났다. 한민성은 조심스럽게 상자 뚜껑을 열었다. 상자 안에는 얇은 천에 싼 그림 한 점이 들어 있었다. 한민성은 조심스럽게 천을 풀어 보았다.

"헉! 이, 이 그림은!"

너무나 놀란 한민성의 표정. 도대체 어떤 그림이기에 그러는지!

"무슨 그림인데요?"

혜성이가 얼른 물었다.

"울고 싶은 아이."

"울고 싶은 아이!"

그럼 이건 아까 어 형사가 말했던 바로 그 그림! 그림을 보니, 정말 한 남자아이가 나무 그늘에서 슬픈 표정으로 앉아 있었다.

---

**달에 간 형상 기억 합금**

1969년, 최초로 달에 착륙한 유인 우주선 아폴로 11호에는 형상 기억 합금으로 만든 위성 안테나가 실려 있었어. 위성 안테나는 그 크기가 워낙 커서 우주선으로 실어 가서 달에 설치하는 것이 어려웠지. 그런데 아폴로 11호에 실려 달에 간 위성 안테나는 150℃가 되면 원래 모양으로 되돌아가는 형상 기억 합금으로 만들었어. 그래서 작게 접은 상태로 달에 싣고 간 다음 그대로 달 표면에 놓았더니, 달 표면이 햇빛을 받아 온도가 약 200℃까지 올라가면서 순식간에 원래 모양으로 펼쳐졌지.

아직 눈물이 흐르지는 않았지만 살짝 건드리기만 해도 금방 펑펑 울어 버릴 듯한 표정을 한 아이였다.

"어, 이 아이, 민성 오빠랑 좀 닮은 거 같아요."

요리의 말에 한민성은 고개를 끄덕였다.

"맞아. 아버지가 나를 입양하시기 전에 고아원에 오셨다가 나를 모델로 그린 그림이야."

역시 요리는 대단한 눈썰미를 가졌다.

이렇게 해서 그림은 도난당한 것이 아니라, 한그림 화백이 한민성에게 물려주기 위해 땅속에 묻어 두었던 것으로 밝혀졌다. 아버지는 아들에게 자신의 최고 걸작품을 남기고 싶었던 것이다.

"이제 알겠다. 3년 후에 상자를 열어 보라고 했던 이유를! 한민성이 성인이 되기 전에 작품을 발견하면 어머니나 형들에게 빼앗길까 봐 성인이 되어 스스로 재산권을 행사할 수 있을 때 작품을 찾도록 한 거야."

어 형사의 말을 들으니, 아들을 생각하는 아버지의 깊은 사랑이 더 절절히 느껴졌다.

"감사합니다. 얘들아, 고맙다. 너희가 아니었으면 난 절대 아버지의 그림을 찾지 못했을 거야."

한민성의 말에 아이들은 뿌듯했다. 그때 어 형사가 말했다.

"그럼 혹시 나 그림 한 장 그려줄 수 있나?"

갑작스런 어 형사의 말에 모두 어안이 벙벙했다.

"나중에 한민성 화백이 아버지인 한그림 화백만큼 유명한 화가가 되면 그림도 엄청나게 비싸질 거 아냐. 재테크 차원에서 지금 습작이나 크로키라도 받아 둬야지."

역시 어 형사다운 말이다.

"하하하하."

모두 박장대소. 가슴까지 시린 추운 날씨도 금방 녹일 수 있을 만큼 따뜻한 기운이 온 방 안에 가득 퍼졌다.

# 요리가 들려주는 사건 해결의 열쇠

아버지 한그림 화백이 아들에게 남겨 준 상자. 그 상자의 열쇠를 찾아 상자를 열 수 있었던 것은 물질의 성질과 금속에 대해서 잘 알았기 때문이야.

## 💡 물질과 물체

우리 주위에는 책상, 지우개, 연필 등 눈에 보이고 만질 수 있는 수많은 물체들이 있지. 그리고 모든 물체는 나무, 금속, 플라스틱 등의 재료, 즉 '물질'로 이루어져 있어. 예를 들어 연필이라는 물체는 나무, 흑연, 고무, 금속 등의 물질로 이루어져 있어.

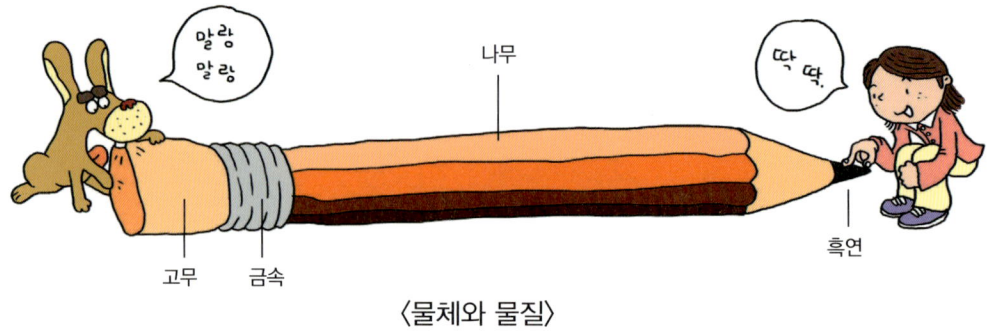

〈물체와 물질〉

모든 물질은 각각 자신만의 고유한 특성이 있어. 이러한 물질은 '원소'라는 기본 요소로 이루어져 있지. 지금까지 이 세상에는 111종의 원소가 밝혀져 있어. 철이나 금처럼 한 가지 원소로 이루어진 물질도 있고, 산소와 수소가 결합해서 만들어진 물처럼 두 가지 원소로 이루어진 물질도 있으며, 그 이상의 원소가 결합하여 만들어지는 물질도 있지.

## 💡 금속과 합금

금속은 지금까지 알려진 원소 가운데 약 80%를 차지하는 원소야. 구리, 아연, 철, 니켈, 알루미늄, 은, 금 등이 잘 알려진 금속이지. 금속은 특별한 광택을 띠고 열이나 전기를 잘 전달하며, 대부분 산소나 산과 쉽게 결합하여 새로운 물질을 만드는 성질이 있어. 상온에서 수은을 제외하고는 보통 고체 상태로 존재하지. 금속은 자동차부터 동전에 이르기까지 아주 많은 곳에 쓰이는 중요한 물질이야.

이러한 금속을 두 가지 이상 섞거나 금속이 아닌 다른 원소를 넣어서 만든 금속을 '합금'이라고 해. 이렇게 함으로써 금속의 장점을 높이거나 단점을 보완하기도 하고, 전혀 새로운 성질을 가지도록 할 수도 있어.

예를 들면, 강철은 단단하고 질기지만 잘 녹스는 성질이 있어. 이러한 강철에 니켈과 크롬 등을 첨가하면 더 단단하고 녹이 슬지 않는 합금이 되지.

스테인리스강으로 만든 주방 용구      놋쇠로 만든 꽹과리

〈많이 쓰이는 합금〉

이것이 '스테인리스강'이야. 냄비와 프라이팬 같은 주방 용구나 자동차, 비행기, 기차 등의 부품에 널리 쓰이지.
　구리와 아연의 합금인 황동, 즉 놋쇠는 가공하기 쉽고 녹슬지 않아 기계, 그릇, 장식품 등에 많이 쓰여. 알루미늄에 구리, 마그네슘 등의 금속을 섞은 알루미늄 합금은 가벼우면서도 강해서 기차나 비행기 등 탈것의 재료로 많이 이용되지.

### 💡 형상 기억 합금이란?

　그럼 '형상 기억 합금'이란 무엇일까?
　보통 금속은 원래 모양으로 되돌아올 수 있는 한계를 넘어 모양이 바뀌면 데우거나 식혀도 원래 모양으로 돌아가지 않아. 그러나 어떤 합금은 완전히 다른 모양으로 변형되어 있어도 원래 모양을 기억하고 있다가 일정한 온도 이상이 되면 원래 모양으로 되돌아가는 성질이 있는데, 이런 특수한 합금을

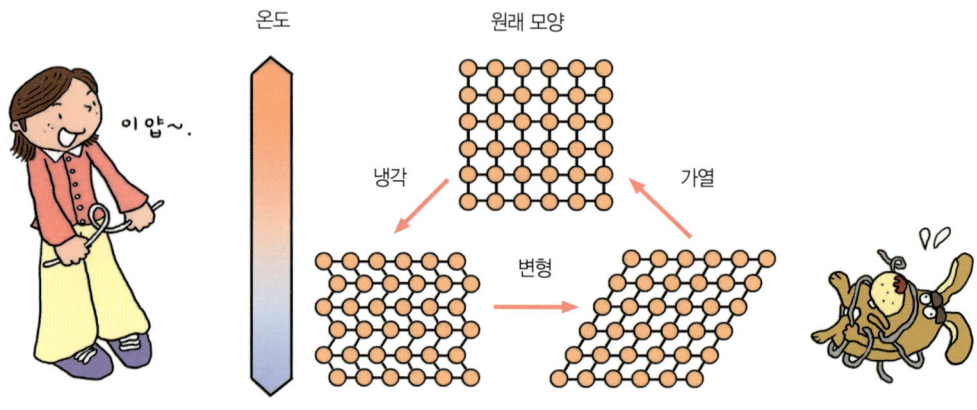

〈형상 기억 합금의 원자 배열 변화〉

'형상 기억 합금'이라고 해. 형상 기억 합금은 몇 번을 변형해도 일정 온도 이상만 되면 원래 모양으로 되돌아가. 기억력이 정말 좋지?

이렇게 일정 온도에서의 모양을 기억하는 이유는 그 합금이 주어진 모양을 원자 배열로 기억하고 있기 때문이야. 일정 온도에서 주어진 모양을 저온에서 변형시켰을 때에도 형상 기억 합금의 원자 배열은 변함이 없고 단지 눌리거나 밀려 있을 뿐이지. 그래서 다시 그 온도로 가열하면 바로 기억했던 원래 모양으로 돌아갈 수 있는 것이지.

보통 구리·아연·알루미늄 합금, 구리·알루미늄·니켈 합금, 니켈·티탄 합금(니티놀) 등이 이용되는데, 요즘에는 휴대 전화 안테나, 치아 교정용 보철기, 온도 제어 장치, 안경테, 여성용 속옷 등에 널리 쓰이고 있지.

그러니까 생각해 봐. 아버지가 남긴 상자를 열 수 있는 열쇠가 필요한데, 상자와 같이 묻혀 있던 것은 굵은 철사 뭉치뿐. 그러나 알고 보니 그것은 바로 **형상 기억 합금**이었던 거야. 저온에서는 힘을 주어 철사 뭉치처럼 변형시켜 놓았지만, 뜨거운 물을 부어 **온도를 높였더니 바로 원래 모양인 열쇠 모양으로 되돌아간 거지.** 어때, 이젠 알겠지?

■ 핵심 과학 원리 – 자기 기록

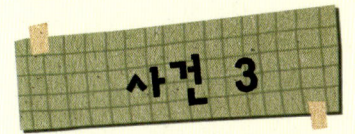

# 군사 기밀 유출 사건

어디로 가는 거지? 다른 부대로 옮겨지나? 아니면······.
군대에서 죄를 지으면 바로 군사 재판에 넘긴다는데, 혹시?
이럴 수가. 다른 것도 아니고 배고파서 라면 하나 먹었을 뿐인데······.

## 겨울 캠프를 가다

드디어 1월 3일. 일주일 동안의 겨울 캠프가 시작되는 날이다. 방학 전 아이들은 어 형사에게 어디로 가는지, 무엇을 하는지 물었다. 그러나 절대 대답해 주지 않는 어 형사. 그래서 아이들은 걱정 반, 기대 반으로 아침 6시에 학교 운동장으로 모였다.

어제 저녁 지리산에서 올라와 있던 달곰이가 제일 먼저 운동장에 나왔다. 그런데 이건 군용 트럭! 순간, 불같이 일어나는 불길한 예감. 뒤이어 도착한 영재도 마찬가지였다.

"뭐야! 우리 군대 가는 거야?"

영재의 한마디에 달곰이는 가슴이 철렁했다. 뒤이어 도착한 혜성이와 요리도 영 불안한 마음이 들었다. 그런데 잠시 후, 어 형사가 나오더니 다짜고짜 아이들을 재촉하기 시작했다.

"뭐 해? 시간 없어. 빨리 타."

엉겁결에 군용 트럭에 오른 아이들. 불안한 마음에 요리가 물었다.

"어디 가는 건데요?"

"가 보면 알아."

오늘따라 영 말이 짧은 어 형사. 아이들은 더 불안했다.

트럭은 한 시간을 넘게 달렸다. 그리고 도착한 곳은 한 군부대. 상상도 못한 일이 벌어지고 있었다. 트럭이 서자 어 형사가 다시 재촉했다.

"뭐 해? 빨리 내려. 이제부턴 정신 바짝 차려야 할 거야."

오늘따라 진짜 얄미운 어 형사. 아이들은 모두 입이 잔뜩 나와 트럭에서 내렸다. 그때였다. 어디선가 들려오는 우렁찬 고함 소리.

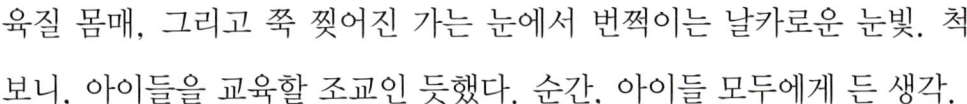

"빨리 연병장으로 집합!"

헉! 험상궂은 얼굴에 울퉁불퉁 근육질 몸매, 그리고 쭉 찢어진 가는 눈에서 번쩍이는 날카로운 눈빛. 척 보니, 아이들을 교육할 조교인 듯했다. 순간, 아이들 모두에게 든 생각.

'이제 다 죽었구나!'

"제일 늦게 온 사람은 토끼뜀이다!"

뭐? 토끼뜀! 결국 생각할 겨를도 없이 모두 눈썹이 휘날리게 뛰어가고 있으니, CSI의 겨울 캠프인 지옥 군사 훈련은 그렇게 시작되었다.

##  끔찍한 지옥 훈련

도착하자마자 연병장으로 끌려간 아이들은 기초 군사 훈련을 받기 시작했다. 그러나 말이 훈련이지, 처음부터 끝까지 벌 받기의 연속이었다.

동작이 느리다, 군기가 빠졌다, 소리가 작다 등 온갖 트집을 잡아 오리걸음에 연병장 열 바퀴 돌기, 앉았다 일어나기 등을 반복시키는 것이었다.
　그렇게 하루 종일 벌만 받다 늦은 밤이 다 되어 내무반에 들어온 아이들은 몸이 말 그대로 천근만근, 옴짝달싹 못할 지경이었다. 그러니 겨우겨우 점호를 마치고 잠이 들 때에는 이 상황이 꿈이기를 간절히 바랐다.
　그러나 그것은 단지 헛된 바람일 뿐, 끔찍한 지옥 군사 훈련은 다음 날 아침 6시부터 다시 시작되었다. 살을 에는 듯한 추위를 견디며 하루 종일 유격 훈련, 총검술, 끔찍한 화생방 훈련까지 실제 군인들이 받는 것과 똑같은 혹독한 훈련이었다. 게다가 첫날 본 그 교관 강철인 소위는 이름처럼 무섭고 두려운 존재. 그의 앞에서라면 없던 군기라도 바짝 들 수밖에 없었다.

하지만 다행히 아이들은 그동안 갈고 닦은 기초 체력과 끈질긴 근성으로 잘 견뎌 나갔다. 그렇게 시간이 흘러, 내일이면 드디어 훈련 마지막 날. 내일까지만 잘 버티면 무사히 집에 돌아가는 것이다.

점호를 끝내고 잠자리에 누우니, 아이들은 만감이 교차해 잠을 이룰 수 없었다. 그래서 괜히 이리 뒤척 저리 뒤척하고 있는데, 어디선가 선명하게 들리는 소리가 있었다.

"꼬르르륵."

덩치만큼이나 큰 달곰이의 꼬르륵 소리에 영재는 그만 푹 하고 웃음이 터져 버렸다.

"하하하."

"쉿! 조용히 해. 걸리면 죽어."

혜성이가 얼른 주의를 주었다. 그러자 영재가 소곤거렸다.

"나도 배고프다. 달곰아, 뭐 먹을 것 좀 없을까?"

"요리 누나가 취사병하고 친한 것 같던데, 누나한테 먹을 것 좀 얻어 달라고 할까?"

물론 들키면 큰일이지만, 그렇다고 벌밖에 더 받으랴! 벌 받는 데 워낙 이골이 났는지 아이들은 대담해졌다. 잠든 요리까지 깨워 아이들은 결국 취사실로 숨어들었다.

"김 상사님이 라면 먹고 싶으면 끓여 먹으라고 하셨는데……. 라면이 어디 있더라?"

요리는 라면을 찾아냈고, 아이들은 라면을 끓이고야 말았다. 아, 이 황홀한 라면 냄새! 보글보글 끓는 모습을 보니 침이 절로 꼴깍! 아이들은 부리나케 달려들었고, 말 그대로 게 눈 감추듯 먹어 치우고 있었다. 그때였다.

"지금 뭐 하는 거야!"

고요한 정적을 깨며 쩌렁쩌렁 울려 퍼지는 소리가 있었으니, 바로 그 무시무시한 교관, 강 소위였다.

"쯧쯧, 내일이면 집에 간다 이거지. 군기가 아주 빠졌구먼!"

정말 단단히 걸렸다. 아까는 '벌 좀 받으면 되지.'라고 생각했는데, 막상 걸리고 보니 아이들은 온몸이 사시나무처럼 떨려 아무 말도 할 수가 없었다. 그러자 강 소위가 다시 고함을 질렀다.

"빨리 나가서 차에 탄다!"

헉, 이건 또 무슨 소리! 엉겁결에 차에 탄 아이들은 또다시 불안에 떨기 시작했다. 어디로 가는 거지? 다른 부대로 옮기나? 아니면……. 군대에서 죄를 지으면 바로 군사 재판에 넘긴다는데, 혹시? 이럴 수가. 다른 것도 아니고 배고파서 라면 하나 먹었을 뿐인데……. 온갖 불길한 생각에 아이들은 한마디도 못했다. 차가 한참을 달려 도착한 곳은 국군 기무 사령부.

"여기가 어디야?"

달곰이가 잔뜩 긴장된 얼굴로 물었다. 그러자 혜성이 역시 파랗게 질린 얼굴로 대답했다.

"국군 기무 사령부. 국군 내에 있는 경찰서와 같은 기관이야."

그렇다면 예상대로 군사 재판! 그래도 명색이 대한민국, 아니 미국에까지 이름을 날린 '어린이 과학 형사대 CSI'인데, 라면 하나에 이 꼴을 당하다니 이를 어쩐단 말인가.

 새로운 임무

아이들이 잔뜩 긴장해 강 소위를 따라가니, 사령관실이 나왔다.

"충성!"

번쩍 빛나는 사령관 어깨 위의 별이 더 큰 두려움으로 다가와 아이들은 입술이 바짝바짝 말랐다. 그런데 뜻밖의 일이 일어났다.

"오, 그 유명한 CSI! 반갑네, 반가워. 하하하."

그러면서 사령관은 한 명씩 악수를 청했다. 모두 얼떨결에 악수를 하고 어찌 된 영문인지 몰라 어리둥절해 있는데, 낯익은 목소리가 들렸다.

"어, 벌써 왔네."

박 교장이다. 그렇다면 아이들이 몰래 라면을 먹었다는 사실이 벌써 박 교장의 귀까지 들어갔단 말인가.

'교장 쌤, 죄송해요!'

아이들은 괜히 박 교장의 얼굴에 먹칠한 것 같아 미안한 마음이 들었다.

"지금부터 너희에게 특별한 임무를 주겠다."

뭐라고? 임무?

"이번에 경찰청장님의 특별한 부탁으로 국군의 중요한 수사에 참여할 수 있게 됐으니, 최선을 다하도록."

그렇다면 라면 먹은 것 때문에 끌려온 것이 아니구나. 아이들은 절로 안도의 한숨이 나왔다. 그러나 아무래도 군대 내부에서 일어나는 일, 그것도 중요한 수사에 참여하게 되었다니, 긴장감 또한 점점 커졌다.

잠시 후, 아이들은 국군 기무 사령부의 장훈 소령에게 사건 내용에 대한 간추린 설명을 들었다. 최근 들어온 정보에 따르면 무기 중개를 하는 '대한 건아'사의 변심한 사장이 암암리에 군사 기밀을 모으고 있다고 한다. 그는 지난해 퇴임한 장군으로, 옛날 부하인 공군 본부 군수 참모부에 있는 김성민 소령에게 군사 기밀을 빼내 달라고 은밀히 부탁했다는 것이다.

그러나 군인으로서 나라에 충성하는 것이 더 중요하다고 생각한 김 소령은 이를 거절했고, 자신과 했던 이야기를 입 밖에 내면 후환이 있을지 모른다는 변 사장의 은근한 협박에도 국군 기무 사령부에 신고를 했다.

그래서 이 사건을 맡은 장 소령은 변 사장이 군대에 있는 또 다른 사람과 다시 접촉을 시도할 것으로 판단하여 은밀히 수사를 한 결과, 수상한 인물을 찾아냈다. 그는 김 소령과 같은 곳에서 일하는 하상훈 중령이었다.

"하 중령이 지난주부터 세 번에 걸쳐 '군 헬리콥터 정밀 탐색 구조 장비 사업'과 관련된 군사 기밀을 여러 개의 USB 메모리에 복사해 간 것을 알아냈어. 많은 내용이 담긴 중요한 군사 기밀이지."

"그럼 바로 잡으면 되는 거 아니에요?"

군사 기밀 유출 사건

요리가 묻자, 장 소령은 고개를 저으며 심각한 표정으로 대답했다.

"그랬으면 벌써 잡아들였지. 하지만 바로 두 시간 전에 하 중령은 마지막 파일을 복사했고, 아직 이를 변 사장한테 넘기지 않았어. 물론 군사 기밀을 개인적으로 복사한 것만으로도 군사 기밀 보호법으로 처벌을 받게 되어 있지만, 우리가 잡고자 하는 사람은 하 중령만이 아니니까."

"그럼 하 중령이 변 사장에게 기밀을 넘기는 순간에 잡으면 되겠네요."

혜성이의 말에 장 소령은 다시 고개를 저으며 말했다.

"아니. 좀 더 기다려야 돼."

"왜요?"

"변 사장은 막강한 권력을 휘두르던 장군이었지. 아직도 군 내부에 대단한 힘이 있어. 섣불리 건드렸다가는 범행도 밝혀내지 못하고, 목숨을 걸고 신고한 김 소령뿐만 아니라 자칫 국군 기무 사령관님까지 자리에서 물러나야 할 수도 있지. 또 하나, 군사 기밀을 빼내려고 했다는 건 어딘가에 쓸 데가 있다는 건데, 아직 그 대상을 파악하지 못했어."

그렇다면 이제부터 수사가 본격적으로 시작된다는 말. 게다가 국군 기무 사령관의 목까지 왔다 갔다 할 수 있다니, 아이들은 어깨가 무거워졌다.

##  용의자가 움직이다

다음 날, 아침이 밝자마자 아이들은 두 팀으로 나뉘어 변 사장과 하 중령의 일거수일투족을 감시하기 시작했다. 그런데 이틀이 지나도 둘 다 별다른 움직임을 보이지 않았다. 추운 날씨에 하루 종일 긴장 상태로 있다 보니, 아이들도 점차 지쳐 갔다.

그런데 사흘째 되는 날 저녁 6시. 회사에서 나온 변 사장이 기사를 돌려보내고는 손수 차를 몰고 가는 것이 아닌가. 그렇다면 혹시! 지켜보던 혜성이가 얼른 요리에게 연락했다.

"변 사장, 지금 혼자 출발했어."

그러자 요리도 다급한 목소리로 말했다.

"하 중령도 방금 집과 전혀 다른 방향으로 접어들었어. 계속 추적할게."

그렇게 양 팀의 추적이 시작되었다. 변 사장이 차를 20분쯤 달려 도착한 곳은 명동. 차를 한 주차장에 세우더니, 마치 쇼핑하러 온 것처럼 복잡한 명동 거리를 유유히 걸어갔다.

한편, 요리와 달곰이가 뒤쫓던 하 중령 역시 명동으로 접어들었다. 그렇다면 둘이 만나기로 한 것이 맞다. 그리고 차에서 내리는 하 중령의 손에는 작은 쇼핑백이 하나 들려 있었다. 둘은 동시에 같은 생각을 했다.

'가만, 저건 뭐지? 혹시 저것이 군사 기밀 문서!'

잠시 후, 드디어 변 사장과 하 중령은 한 고깃집에서 만났다. 먼저 도착한 혜성이가 변 사장과 하 중령의 사진을 찍었다. 나중에 둘이 만난 것을 증명하는 데 필요할 것이다. 둘은 마치 선후배 사이인 양 반갑게 인사를 나누더니, 고기를 시켜 먹기 시작했다.

요리와 영재는 얼른 가게 안으로 들어가 밥을 먹는 척하며 둘을 감시하고, 혜성이와 달곰이는 밖에서 보초를 섰다. 솔솔 풍겨 오는 맛있는 고기 냄새에 가뜩이나 배가 고팠던 혜성이와 달곰이는 괴로워 죽을 것만 같았다. 하지만 어찌하랴! 참아야지.

식사를 끝내자 하 중령이 선물을 주듯 변 사장에게 쇼핑백을 내밀었다. 변 사장이 회심의 미소를 띠며 슬쩍 꺼내 보는데, 찰칵! 요리가 사진을 찍었다. 그것은 외장 하드 디스크! 군사 기밀이 든 디스크일 확률이 높다.

잠시 후, 두 사람이 헤어지자 아이들은 미행을 했다. 특히 변 사장이 이후 누군가를 만나 디스크를 주지 않을까 하는 생각에 바짝 긴장했다. 그러나 둘은 바로 각자의 집으로 돌아갔고, 그날 밤은 꼼짝도 하지 않았다.

## 호텔에서 생긴 일

다음 날, 이번에는 달곰이와 요리가 변 사장을 미행했다. 변 사장은 아침 9시쯤 집에서 나왔다. 손에는 어제 본 쇼핑백이 들려 있었다. 급히 따라가니, 강남의 한 특급 호텔 커피숍으로 들어갔다. 요리는 얼른 장 소령에게 장소를 알렸다.

잠시 후, 한 남자가 슬쩍 주위를 둘러보더니, 변 사장에게 다가가 인사를 했다. 요리가 얼른 휴대 전화 카메라로 그 남자의 사진을 찍어 장 소령에게 보내자, 장 소령은 곧바로 그 남자에 대해 조사를 시작했다.

키 크고 잘생긴 그 남자는 한국말을 했지만 말투가 영 어색했다. 외국에서 오래 살았거나 외국에서 태어난 교포인 듯했다. 변 사장은 남자에게 쇼핑백을 내밀었다. 남자는 쇼핑백 안을 슬쩍 보고는 미소를 짓더니 자리에서 일어났다. 그러더니 변 사장과 악수를 하고는 헤어지는 것이 아닌가! 그렇다면 저 남자를 쫓아야 한다.

남자는 그 호텔에 묵고 있는 듯 곧바로 객실로 가는 엘리베이터를 탔다. 그래서 달곰이도 뛰어가 같이 타려고 했는데, 그만 놓치고 말았다.

"빨리 옆의 걸 타. 내가 몇 층에 서는지 알려 줄게."

달곰이는 요리가 시키는 대로 얼른 옆의 엘리베이터에 탔다. 그리고 급하게 문을 닫으려는데 갑자기 문이 다시 열리더니 한 여자가 탔다.

'이런, 바빠 죽겠는데!'

하지만 아이들의 바쁜 사정을 알 리 없는 여자는 입가에 살짝 웃음을 띠며 인사를 했다.

"쌩큐!"

달곰이는 속이 바짝바짝 탔지만 그렇다고 화를 낼 수도 없는 일. 엘리베이터는 위로 올라가기 시작했다. 잠시 후, 요리에게서 전화가 왔다.

"12층이야."

"12층? 알았어."

달곰이는 얼른 12층을 누르려고 했다. 그런데 벌써 12층이 눌려 있었다. 아마 같이 탄 여자도 12층에 가는 모양이었다.

12층. 땡 소리와 함께 엘리베이터가 열리자, 달곰이는 재빨리 뛰기 시작했다. 남자가 어디로 들어가는지 확인하기 위해서였다. 그리고 다행히 막 문을 닫고 들어가는 남자의 뒷모습을 찾았다. 1204호.

"1204호야."

달곰이가 요리에게 전화를 하자, 요리도 12층으로 올라왔다. 그런데 잠시 후 장 소령에게서 연락이 왔다.

"그 사람, 무기 로비스트 메이슨 리야."

헉! 로비스트는 영화에서나 본 사람들인데, 게다가 무기 로비스트라니!

"다섯 살에 미국으로 이민 간 재미 교포야. 여동생인 재닛 리와 함께 미국과 우리나라를 무대로 활동하는 꽤 영향력 있는 무기 로비스트지."

장 소령의 말을 들으니, 요리와 달곰이는 더 긴장되었다. 총이라도 가지고 있으면 어쩌지? 지금 접근하는 것은 위험하다. 요리가 물었다.

"어떻게 할까요?"

"조금만 기다려. 곧 도착할 거야."

장 소령을 기다리는 동안, 요리와 달곰이는 메이슨 리의 동태를 살피기 위해 그의 방 앞으로 갔다. 왔다 갔다 하는 발자국 소리가 들리더니, 잠시 후 전화벨이 울렸다. 그러나 통화 내용은 전혀 들리지 않았다. 그가 전화를 받고 다시 나가는 것은 아닐까? 요리와 달곰이는 마음이 급해졌다.

"빨리 장 소령님이 오셔야 될 텐데……."

다행히 둘의 다급한 마음을 알았는지 5분 후 장 소령이 도착했다. 혹시 도망갈까 봐 호텔 곳곳에 경찰도 배치되었다. 12층으로 올라온 장 소령은 곧바로 1204호로 걸어가더니, 벨을 눌렀다. 역시 저돌적인 군인 스타일!

곧이어 문이 열리고, 메이슨 리가 나왔다.

"국군 기무 사령부의 장훈 소령입니다. 조사할 게 있어서 나왔습니다."

장 소령은 말을 마치기가 무섭게 방으로 밀고 들어갔다. 요리와 달곰이도 얼른 장 소령의 뒤를 따라 들어갔다. 그러자 메이슨 리는 불쾌하다는 듯 소리를 지르기 시작했다.

"오 마이 갓! 지금 이게 무슨 짓이에요? 난 잘못한 거 없어요."

하지만 장 소령은 아랑곳하지 않고 명령을 내렸다.

"찾아!"

요리와 달곰이는 재빨리 방 안을 뒤지기 시작했다. 그리고 책상 밑 휴지통에 버려진 쇼핑백을 찾아냈는데, 텅 비어 있다. 그럼 안에 들어 있던 하드 디스크는? 한참을 뒤졌지만 하드 디스크는 어디에도 없었다. 분명히 쇼핑백 안에 들어 있었고, 메이슨 리가 쇼핑백을 가지고 방 안으로 들어간 것까지 확인했는데, 아무리 찾아도 없는 것이다.

'분명히 이 방 안에 있다. 혹시 화장실?'

달곰이는 화장실까지 뒤졌다. 그러나 없다. 이렇게 되면 정말 곤란한 상황이 벌어진다. 증거도 없이 뛰어 들어온 셈이니 말이다. 하지만 어찌하랴! 감쪽같이 사라졌는데.

바로 그때였다. 달곰이의 눈에 들어오는 것이 있었으니, 바로 뚜껑이 닫혀 있는 변기. 혹시나 하는 생각에 달곰이는 변기 뚜껑을 열었다. 그런데 있다. 하드 디스크가 있다! 달곰이는 너무 기뻐 소리를 질렀다.

"여기 있어요. 여기요."

장 소령과 요리가 재빨리 뛰어왔다. 그러나 기쁨도 잠시. 변기 물에 완전히 빠진 하드 디스크를 보고는 모두 망연자실했다. 메이슨 리가 증거를 없애기 위해 하드 디스크를 물에 넣어 버린 것이다.

"이게 뭐죠?"

장 소령이 메이슨 리에게 물었다. 그러자 그는 아무렇지 않게 말했다.

"아, 못 쓰는 거라서 버렸어요."

"못 쓰는 거라고요? 그렇다고 이런 걸 변기에 버려요?"

"예스, 내 거 가지고 내 맘대로 하는데, 안 되나요?"

뻔한 거짓말인 줄 알지만 어쩌겠는가. 다 잡은 증거를 놓치고 만 것이다.

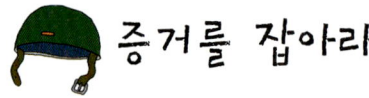 증거를 잡아라

이제 방법은 하나. 메이슨 리, 변 사장, 하 중령을 잡아서 자백을 받아 낼 수밖에 없었다. 일단 하 중령이 군사 기밀을 빼돌린 증거는 다 있고, 변 사장과 하 중령, 그리고 변 사장과 메이슨 리가 디스크를 주고받는 장면을 찍어 두었으니, 그것으로 어떻게든 자백을 받아야 한다. 그런데 국군 기무 사령부로 돌아오는 길에 요리는 한 가지 의문이 생겼다.

"달곰아, 증거를 없애기 위해 하드 디스크를 물에 넣었다면, 그건 우리가 들이닥칠 것을 미리 알았다는 거 아냐?"

"그렇지. 그런데 어떻게 알았지?"

"메이슨 리는 1층 커피숍에서 바로 엘리베이터를 타고 올라갔잖아. 넌 옆의 엘리베이터를 타고 올라갔고. 눈치 챌 만한 시간이 없었는데……."

바로 그때, 요리에게 번뜩 생각나는 것이 있었다.

"가만! 아까 장 소령님이 오시기 전에 메이슨 리의 방에서 전화벨이 울렸잖아. 그렇다면 누군가 전화로 알려 준 게 아닐까?"

"누가? 변 사장이?"

"글쎄……. 그럴 수도 있고. 아니면……."

그때였다. 달곰이에게 번쩍 스치는 장면이 있었으니, 엘리베이터를 같이 탄 여자. 여자는 영어로 고맙다고 인사했다. 그리고 달곰이가 12층을 누르기 전에 12층을 눌렀다. 그렇다면 그녀의 방도 12층이라는 얘긴데…….

'가만, 그 여자, 12층에서 내린 다음에 어디로 갔지?'

하지만 엘리베이터 문이 열리자마자 메이슨 리를 찾기 위해 쏜살같이 복도로 뛴 달곰이는 여자가 12층에서 어디로 갔는지 전혀 기억나지 않았다. 달곰이의 이야기를 듣자 요리가 말했다.

"여자? 영어를 썼다 이거지……. 아까 장 소령님이 메이슨 리한테 여동생이 있다고 했잖아."

"그렇다면 그 여자가 바로 재닛 리?"

우연히 달곰이의 통화를 듣고 이상하게 여긴 재닛 리는 메이슨 리를 뒤쫓는 달곰이를 유심히 보고는 전화로 위험을 알렸을 것이다. 아니, 어쩌면 처음 메이슨 리가 변 사장을 만날 때부터 그의 주위에 있었는지도 모른다.

그리고 급하게 엘리베이터를 타는 달곰이를 수상히 여겨 일부러 같이 탔을 수도 있다. 여하튼 재닛 리의 전화를 받은 메이슨 리는 증거를 없앨 충분한 시간이 없자, 하드 디스크를 물에 빠뜨린 것이다. 데이터를 없애기 위해.

그나저나 만약 요리와 달곰이의 추리가 맞다면 정말 큰 실수를 한 것이 아닌가! '다 된 죽에 코 빠졌다.'는 속담처럼 어렵게 어렵게 찾아낸 증거를 한순간의 실수로 날려 버린 것이다.

요리와 달곰이는 그 여자가 정말 재닛 리인지부터 확인하기로 했다. 그래서 차가 국군 기무 사령부에 도착하자, 장 소령을 찾아 상황을 알렸다. 장 소령은 무기 로비스트 자료에서 재닛 리의 사진을 찾아 보여 주었다.

"이 여자 맞아?"

맞다. 그 여자였다! 둘이 호텔에 묵은 사람들 명단을 확인해 보니, 예상대로 메이슨 리의 바로 옆방에 재닛 리가 묵고 있었다. 그러나 그사이 벌써 체크아웃을 하고 나간 상황. 곧바로 재닛 리에게 출국 금지령이 내려지고, 공항 검문이 시작되었다. 하지만 다 잡아들이면 무엇하랴! 하 중령이 복사한 군사 기밀이 메이슨 리가 가지고 있던 하드 디스크에 들어 있음이 확인돼야 명확한 증거가 될 텐데 말이다.

잠시 후, 하 중령과 변 사장 체포에 동행했던 영재와 혜성이가 돌아왔다. 요리는 호텔에서 일어난 안타까운 상황을 이야기해 주었다. 그때였다. 조용히 설명을 듣고 있던 영재가 황당하다는 듯 물었다.

"뭐? 물에 빠졌다고?"

"응. 결국 다 망가져 버렸어. 다 내 잘못이야."

달곰이의 자책에 영재는 더 황당하다는 투로 말했다.

"허 참, 망가지기는 뭐가 망가져. 괜찮아. 데이터는 무사해."

순간, 모두 깜짝 놀라 다시 물었다.

"뭐라고? 데이터는 무사하다고?"

"그래. 디스크에 저장된 데이터는 디스크가 물에 젖어도 안 지워져."

"어떻게?"

"하드 디스크나 USB 메모리 같은 컴퓨터의 보조 기억 장치는 자석을 이용해서 정보를 저장하는 장치야. 그런데 자석의 힘, 즉 자기력은 공기뿐 아니라 유리, 플라스틱, 물을 통해서도 전달되거든. 이 말은 물에 넣어도 자기력이 없어지지 않는다는 거지."

"정말?"

"그래. 그 하드 디스크 어디 있어? 내가 복구해 볼게."

영재의 말에 달곰이는 재빨리 물에 젖은 하드 디스크를 가지고 왔다. 영재는 곧바로 하드 디스크를 분해했다. 그리고 물기를 잘 닦아 낸 후, 바람을 쐬어 바짝 말렸다. 하드 디스크의 내부를 처음 본 달곰이는 신기했다.

"꼭 옛날 레코드판처럼 생겼다."

### 자기장에서 전류가 생길 수도 있다?

영국의 과학자 패러데이는 구리 전선으로 감은 코일 사이로 자석을 움직이면 전선에 전류가 흐른다는 사실을 알아냈어. 전류가 흐르면 그 주위에 자기장이 생기는 것과 반대 현상이 일어난 거지. 이를 '전자기 유도'라고 해. 전기를 만드는 기계인 발전기와 전기 에너지를 일로 바꾸는 기계인 전동기는 바로 이 원리를 기초로 만든 거야.

"비슷한 구조라고 할 수 있지. 이 디스크에는 자석의 성질을 띠는 물질이 얇게 입혀져 있어. 그리고 디스크에 정보를 저장하거나 읽는 부분을 '헤드'라고 하는데, 여기에는 전선이 감겨 있지. 전선을 통해 헤드에 전류가 흐르면 자기장이 발생하고, 그에 따라 디스크 표면에 입혀진 물질이 새롭게 배열되면서 정보가 저장돼. 자석 주위에 철가루를 뿌리면 일정한 모양으로 늘어서는 것과 같은 이치지."

영재는 능숙한 솜씨로 하드 디스크를 다시 조립하기 시작했다. 하기야 컴퓨터 한 대를 뚝딱 만드는 컴퓨터 박사이니, 이 정도는 아무것도 아니지.

"휴, 그런 줄도 모르고 물에 빠졌다고 난리를 쳤으니!"

달곰이도 이젠 안심이 되는 모양이다.

"자석의 성질을 이용해 정보를 기록한 하드 디스크나 지하철 표, 신용카드 등의 정보를 지우는 가장 간단한 방법은 아주 센 자석을 대는 거야. 그럼 자석의 성질을 띤 물질의 배열이 달라지면서 저장된 내용이 지워지거든."

그 말에 요리가 생각나는 듯 말했다.

"맞다. 지난번에 자석 달린 지갑에 지하철 표를 넣어 뒀는데, 개찰기에 표를 넣으니까 삑삑거리더라고. 데이터가 다 지워져서 그랬구나."

### 디스크에서 자료를 완전히 지우려면?

컴퓨터 디스크에 저장된 데이터를 지울 때 '파일 삭제' 명령이나 '포맷' 명령을 쓰지. 하지만 이는 데이터의 이름과 위치만 지우는 것이지 데이터 자체를 없애는 것은 아니야. 그렇다면 완전히 지우려면 어떻게 해야 할까? 그 방법은 디스크를 산산조각 내거나 아주 센 자석을 통과시켜 데이터를 훼손시키는 거야. 아니면 디스크 용량이 꽉 차도록 용량이 아주 큰 파일로 덮어 씌워 버리는 방법도 있지.

잠시 후, 드디어 조립이 끝났다. 영재는 하드 디스크를 컴퓨터에 연결했다. 하드 디스크는 문제 없이 작동되었다. 그리고 파일을 검색하니, 쫙 열리는 파일들. 하 중령이 빼돌린 군사 기밀과 일치했다. 고생 끝에 낙이라고, 드디어 증거를 찾아낸 것이다.

"있다, 있어! 만세! 만세!"

모두 좋아서 난리가 났다. 특히 달곰이는 고마움에 눈물이 났다.

결국 명백한 증거 앞에 세 사람은 모두 범행을 자백할 수밖에 없었다. 곧이어 공항 경찰에서 하와이로 출국하려던 재닛 리를 체포했다는 연락이 왔다. 네 사람의 자백에 따르면, 사건은 올해 새롭게 실시하는 군 장비 사업에 참여하려는 미국의 한 무기 중개상의 의뢰로 메이슨 리가 변

사장에게 군사 기밀을 빼내 달라고 부탁하면서 시작되었다. 만약 변 사장이 정보를 빼내 메이슨 리에게 넘겨 주면, 변 사장의 회사인 '대한 건아'를 한국 쪽의 무기 중개상으로 선정하기로 약속했던 것이다. 그러자 변 사장은 다시 하 중령에게 내년에 퇴임하면 변 사장의 회사에 취직시켜 주겠다는 미끼를 던져 군사 기밀을 빼돌린 것이다. 사사로운 이익을 위하여 국가 기밀을 빼돌린 하 중령과 변 사장, 그리고 무기 로비스트인 메이슨 리와 재닛 리는 모두 군사 기밀 보호법 위반 혐의로 구속되었다.

다 잡은 범인을 놓쳐 버릴 뻔했던 사건. 하지만 영재 덕에 무사히 사건을 해결하니, 달콤이는 영재가 너무나 고마웠다. 다른 아이들도 마찬가지였다. 한밤중에 몰래 라면 먹다 끌려와 맡게 된 사건이긴 하지만 박 교장뿐 아니라 경찰청장, 국군 기무 사령관까지 모두의 지대한 관심 속에 시작한 사건이었기에, 행여 해결하지 못하면 어쩌나 솔직히 부담이 컸기 때문이다.

그리고 무엇보다 즐거운 것은 이제 집에 가도 된다는 사실. 아, 드디어 지옥 같은 겨울 캠프도 끝이구나! 아이들은 좋아서 날아갈 것만 같았다. 그런데 이때 들려오는 무시무시한 강 소위의 목소리!

"뭐 해? 빨리 탄다, 빨리."

빨리 타라니? 뭘? 혹시 또 군용 트럭? 헉, 그렇다면 다시 군대로 간단 말이야? 아이들의 불길한 예감은 정확히 적중했다. 남은 하루의 훈련을 다 받고 나서야 집으로 돌아갈 수 있었으니……. 우리의 CSI, 너무 불쌍하다!

 영재가 들려주는
# 사건 해결의 열쇠

무기 중개상과 현역 군인, 그리고 무기 로비스트에 의해 치밀하게 계획된 '군사 기밀 유출 사건'. 사건을 해결하는 열쇠는 자석의 성질과 자석을 이용한 정보 기록 방법에 대해 잘 아는 거야.

## 💡 자기력과 자기장

자석이 철을 끌어당기는 성질이 있다는 것은 알지? 이렇게 철을 끌어당기는 힘을 '자기력'이라고 하고, 자기력이 미치는 공간을 '자기장'이라고 해.

막대자석 위에 흰 종이를 올려놓고 그 위에 철가루를 뿌린 다음, 손가락으로 톡톡 쳐 봐. 그러면 철가루가 막대자석을 에워싸고 늘어서는 것을 볼 수 있지. 이때 철가루가 늘어선 공간이 자기장이고, 철가루가 이루는 선을 '자기력선'이라고 해. 자기력선이 촘촘할수록 자기장의 세기가 세다고 볼 수 있지.

자기력은 공기, 물, 종이, 플라스틱, 유리판 등을 통해서도 작용해. 책받침

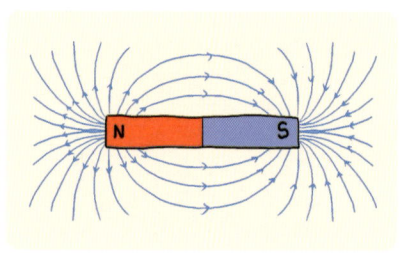
막대자석

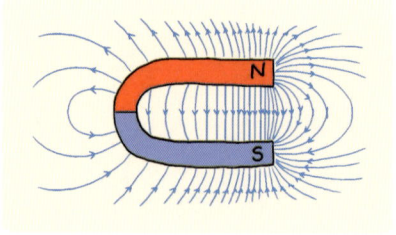
말굽자석

〈막대자석과 말굽자석 주위의 자기력선〉

위에 클립을 쏟아 놓고 책받침 아래에서 자석을 움직이면 클립이 자석과 같이 움직이잖아? 플라스틱을 통해서도 자기력이 작용한다는 것을 알 수 있지.

하지만 자기력이 항상 똑같은 크기로 작용하는 것은 아니야. 자기력은 서로의 거리가 멀어질수록 작아져.

### 💡 자극과 자기력

막대자석에 클립을 붙여 보면, 가운데는 거의 붙지 않고 양쪽 끝부분에만 몰려서 붙어. 막대자석에 철가루를 붙였을 때에도 마찬가지야. 특히 자석의 양 끝에 철가루가 많이 붙어 있는 것을 볼 수 있지. 철가루나 클립이 다른 부분보다 많이 달라붙는다는 것은 그 부분의 자기력이 다른 부분보다 더 세다는 것을 뜻해. 이렇게 자기력이 가장 센 부분을 '자극'이라고 해.

자석에는 두 개의 자극인 N극과 S극이 있어. 막대자석의 경우에는 양 끝에 자극이 있지. 그리고 두 자극 사이에는 두 가지 힘이 작용하는데, 같은 극끼리는 서로 밀어내는 힘인 '척력'이 작용하고, 다른 극끼리는 서로 잡아당기는 힘인 '인력'이 작용하지.

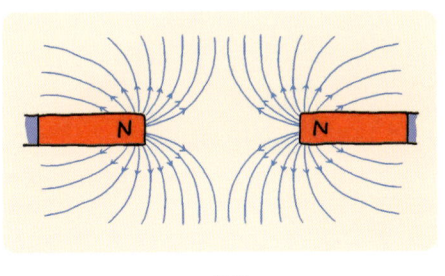   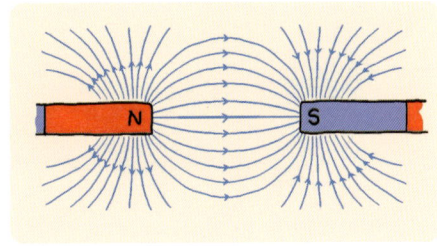

　　　　척력　　　　　　　　　　　인력

〈막대자석의 척력과 인력〉

### 💡 자석의 성질을 이용한 정보 기록

자석의 성질을 이용하면 정보를 기록할 수 있어. 통장의 뒷면을 보면 검은 띠가 붙어 있지? 그것을 '자기 테이프'라고 해. 플라스틱 테이프에 자석의 성질을 띠는 가루를 얇게 입혀서 만들지. 자기 테이프는 신용 카드나 전화 카드, 지하철 표에도 있어.

그렇다면 자기 테이프는 어떻게 정보를 기록할까? 정보를 기록하거나 읽는 장치를 '헤드'라고 해. 자기 테이프의 표면에는 자석의 성질을 띠는 가루들이 입혀져 있어. 헤드에 전류가 흐르면 자기장이 발생해. 마치 자석처럼 되는 거야. 그러면 자기 테이프 표면에 있던 자석의 성질을 띠는 가루들이 자기장에 의해 새롭게 배열되면서 자료가 저장되지.

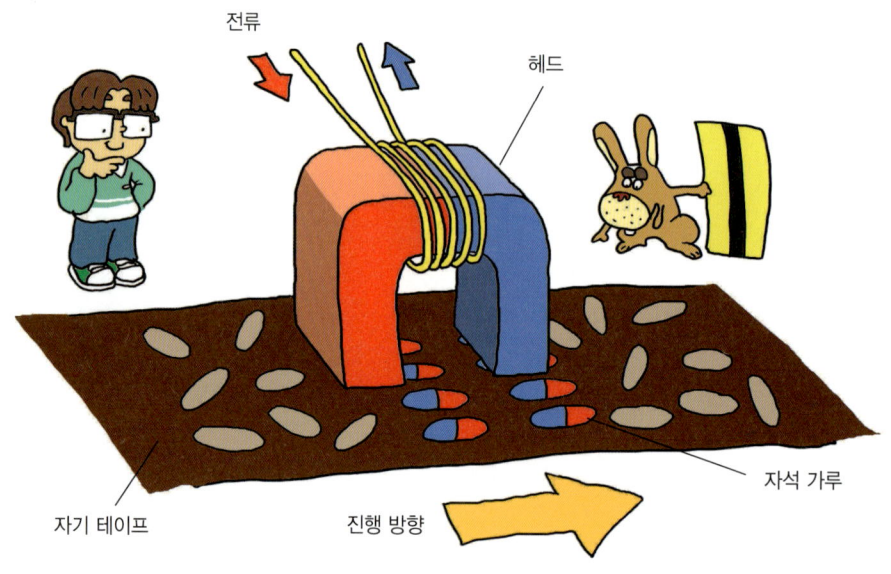

〈자기 기록의 원리〉

하드 디스크도 같은 원리로 자료를 저장해. 하드 디스크 안에는 둥그런 판이 여러 개 있는데, 이것이 자료를 저장하는 디스크야. 보통 알루미늄 원판에 양면으로 자석의 성질을 띠는 가루를 입혀서 만들지.

〈하드 디스크의 구조〉

이렇게 자석의 성질을 이용해 기록된 정보는 눈에 보이지 않기 때문에 정보를 읽는 장치가 따로 있어야 해. 신용 카드를 읽으려면 카드 읽는 장치가 필요하고, 디스크를 읽으려면 디스크 드라이버가 필요하고, 비디오테이프를 보려면 비디오 플레이어가 필요하지.

또, 자석의 성질을 이용해 정보를 기록한 장치를 다룰 때에는 주의할 점이 있어. 자석을 가까이 하는 것은 절대 금물이라는 거야. 자석에 닿으면 정보가 기록되어 있는 자석의 성질을 띤 가루들의 배열이 흐트러지면서 저장해 놓은 정보가 지워지기 때문이지.

그러니까 생각해 봐. 증거를 없애기 위해 하드 디스크를 물속에 넣어 버린 메이슨 리. 하드 디스크가 자석의 성질을 이용해 정보를 기록한다는 사실을 몰랐기 때문에 한 실수였지. 물에 빠뜨린 하드 디스크의 정보는 지워지지 않고 그대로 남아 있었고, 그걸 다시 복구한 결과 명백한 증거를 찾아낼 수 있었던 거야. 어때, 이젠 알겠지?

■ 핵심 과학 원리 – 곤충의 한살이

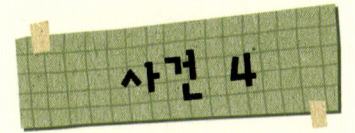

# 수상한 친구

……. 친구야, 미안하다. 내 힘으로는 도저히 막을 수가 없었어.
정말 미안해. 이제 네 곁으로 간다. …….

## 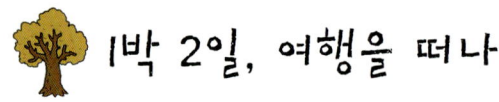 1박 2일, 여행을 떠나다

혹독한 겨울 캠프를 끝내고 집에서 남은 방학을 보낸 아이들은 드디어 2월 초, 개학을 맞게 되었다. 그런데 혜성이는 막상 개학이 가까워 오니 변변하게 놀러 간 데도 없고 즐거운 일도 없었던 것 같아 영 서운했다.

결국 혜성이는 아빠에게 부탁해 경기도 강나리에 있는 콘도를 예약하여 1박 2일의 여행을 가기로 했다. 요리, 영재, 달곰이뿐만 아니라 박 교장과 어 형사까지. 어렵게 짬을 내 순전히 놀고먹는 것을 목적으로 하는 여행. 어린이 형사 학교에 입학한 후 처음 있는 일이어서, 모두 신이 났다.

아이들은 차가 출발하자마자 노래에 게임에 왁자지껄 완전 흥분 상태더니, 콘도에 도착해서도 목숨이라도 건 것처럼 신 나게 놀았다. 오랜만에 웃고 떠들며 신 나게 놀고 푹 자고 나니, 다음 날 아침의 그 상쾌함이란! 역시 아이들은 놀아야 한다니까.

아이들은 아침 식사가 끝나자마자 강가로 놀러 나갔다. 탁 트인 강가는 겨울이라 그런지 아이들 외에는 오가는 사람이 거의 없었다. 그런데 강가에 가자마자 요리의 눈에 번쩍 띄는 것이 있었으니, 바로 작은 보트장.

"와, 보트다. 우리 타자!"

"그래, 타자!"

신이 난 아이들은 한달음에 달려가 보트를 탔다. 주인아저씨에게 노 젓는 방법을 배워 가며 열심히 젓다 보니, 보트는 금세 반대편 강가에 도착했다. 반대편 강가는 산과 연결된 절벽으로 둘러싸인 곳으로 꽤 깊어 보였다. 절벽을 따라 천천히 노를 저어 가고 있을 때였다. 갑자기 영재가 무엇인가를 가리키며 물었다.

"저게 뭐지?"

모두의 시선이 영재의 손가락 끝이 가리키는 곳으로 쏠렸다. 절벽 아래쪽에 포대 자루 하나가 둥둥 떠 있었다.

"누가 쓰레기 버렸나 보지."

혜성이가 별것 아니라는 듯 말하자, 달곰이가 불끈하고 나섰다.

"뭐, 쓰레기? 아니, 누가 강에 쓰레기를 버린 거지! 큰일 날 사람들이네."

그러자 주인아저씨가 맞장구를 쳤다.

"그러게 말이야. 우리도 가끔 강 주변을 청소하는데, 쓰레기가 얼마나 많이 나오는지 진짜 놀라울 정도지."

"그럼 우리 저거 건져서 버릴까요?"

"뭐라고? 쓰레기를 건져 가자고?"

달곰이의 말에 다른 아이들은 황당했다. 다섯이 앉아도 좁은 보트 안에 쓰레기까지 싣고 가자니! 그러나 아저씨는 흔쾌히 승낙했다.

"그럴까?"

그러더니 주인아저씨는 포대 자루 쪽으로 노를 저었다. 주인아저씨가 하겠다는데 말릴 수도 없어 모두 같이 노를 저었다. 막 포대 자루를 잡아끌어 올리려던 아저씨가 갑자기 소리를 지르며 자루를 도로 떨어뜨렸다.

"으악! 이게 뭐야!"

주인아저씨의 갑작스런 행동에 아이들이 깜짝 놀라 물었다.

"왜요? 왜 그러세요?"

그러자 주인아저씨는 끔찍한 표정으로 대답했다.

"시체야. 시체가 있어."

아이들이 어 형사에게 연락하자, 어 형사는 박 교장과 함께 강가로 달려왔다. 그리고 뒤이어 경찰도 도착해 시신을 건져 올린 후 부검실로 보냈다.

아이들도 짐을 챙겨 부검실로 갔다. 그러나 정확한 검시 결과가 나오려면 내일이나 되어야 한다니, 아이들은 일단 집으로 돌아가기로 했다. 그리고 내일 부검 결과가 나오면 수사를 시작하기로 했다. 여하튼 사건 복(?)은 타고난 아이들이다. 어떻게 가는 곳마다 사건이 따라다니는지…….

##  피해자와 그의 친구

다음 날, 궁금한 것은 절대 못 참는 아이들은 일찍부터 학교에 모였다. 기다리던 부검 결과도 나와 있었다.

온몸에 칼에 찔린 흔적이 있는 것으로 보아 피를 많이 흘려 죽은 것으로 보인다. 그리고 몸속에서 플랑크톤이 나오지 않은 것으로 보아 죽은 다음 강에 버려졌다. 워낙 강물이 차서 시신이 꽁꽁 언 상태라 정확하게 예측할 수는 없지만, 사망한 지 최소한 3, 4일은 되었을 것이다.

또한, 포대 자루 입구를 동여맨 밧줄의 끝이 고리 모양으로 되어 있는 것으로 보아 그 고리에 돌을 매달아 버린 것 같은데, 돌이 빠지면서 위로 떠오른 것으로 여겨진다. 시신의 지문을 검색한 결과, 피해자는 나이 35세의 이자돈으로 밝혀졌다.

CSI가 수사를 맡게 되면서 시신과 함께 발견된 물품들은 모두 서울 경찰청으로 올라왔다. 잠시 후, 이자돈의 사망 소식을 들은 그의 부인이 달려왔다. 이자돈 부인의 말에 따르면 그가 집을 나간 것은 4일 전. 친구를 만나러 간다며 아침 일찍 나갔다고 한다.

"이후 아무런 소식이 없었나요?"

요리가 물었다.

"아니, 그날 오후 1시쯤 전화가 왔는데 받으니까 바로 끊어지더라고. 그래서 다시 해 봤더니, 아예 전화기가 꺼져 있는 거야. 그래서 좀 불길한 생각이 들어서 계속 전화를 했는데, 안 받더라고. 그러더니 오후 5시쯤인가 머리가 복잡해 여행 좀 다녀올 테니까 걱정 말라는 메시지가 왔어."

"메시지가요? 그리고 나서 다른 연락은 없었나요?"

어 형사가 다시 물었다.

"네. 예전에도 가끔 혼자 여행 갔거든요. 이번에 워낙 어려운 일을 많이 겪었으니 그런가 보다 생각했죠. 그런데 이렇게 되었을 줄이야. 흑흑흑."

알고 보니, 이자돈은 미국에서 경제학 석사까지 받은 사람으로 최근까지 '세계로 투자'라는 회사에서 투자자들의 돈을 받아 그 돈을 불려 주는 펀드 매니저로 일했다고 한다. 그가 주로 담당했던 펀드는 개발이 덜 된 알래스카를 개발하는 데 투자하는 알래스카 펀드였다. 세계 경제 사정이 좋을 때에는 엄청난 수익을 올렸다고 한다.

"그렇게 잘나가던 펀드가 세계적인 금융 위기가 시작되면서 요 몇 달 사이 수익률이 뚝 떨어져 거의 휴지 조각이 되어 버렸어요. 그러자 투자자들의 항의가 끊이지 않았죠. 그렇다고 남편이 책임질 수는 없는 일 아니겠어요? 결국 2주 전에 회사에서 명예 퇴직을 당했으니 우리 남편도 피해자인데……. 흑흑흑."

이자돈의 아내는 더 이상 말을 잇지 못했다. 누가 그를 죽였을까? 일단 그날 친구를 만나러 간다고 했으니, 그가 만난 친구부터 찾아야 했다.

"휴대 전화 통화 내역부터 알아봐야겠군."

어 형사가 말했다.

"투자자로부터 많은 항의를 받았다고 하니까, 이자돈이 관리했던 고객 명단도 알아봐야겠어요. 혹시 투자자 중 한 사람이 손해를 많이 보니까 홧김에 저지른 일일 수도 있잖아요."

혜성이의 말에 요리도 동의하며 나섰다.

"그래! 그리고 이자돈이 최근에 통화한 사람 중에 투자자가 있는지도 조사해 보자. 그런 사람이 있다면 더 가능성이 높지 않을까?"

어 형사는 통신 회사에 이자돈의 휴대 전화 통화 내역을 달라고 부탁하고, 그가 일하던 회사에서 그의 고객 명단을 받았다. 그리고 그날 오후 두 문서를 비교한 결과가 나왔는데, 요리가 예상한 그대로였다.

이름은 금일봉. 이자돈이 사라지기 전날 저녁 9시쯤 이자돈에게 전화를 건 것으로 밝혀졌다. 그리고 이자돈의 고객 중 한 명으로 3억 원이라는 큰돈을 알래스카 펀드에 투자했다가 거의 다 잃었다.

그렇다면 먼저 금일봉을 만나는 것이 순서. 그런데 어 형사가 금일봉의 휴대 전화로 아무리 전화를 해도 받지 않았다. 그래서 금일봉의 집으로 전화를 했는데, 전혀 예상치 못한 일이 벌어졌다. 3일 전 그가 자살했다는 것이다. 혜성이와 요리는 바로 금일봉의 집으로 가서 그의 부인을 만났다. 알고 보니, 이자돈과 금일봉은 대학 동창. 금일봉의 부인은 이자돈의 소식을 듣고 깜짝 놀랐다.

"뭐라고? 살해? 누구한테?"

"그건 아직 모릅니다."

"혹시 우리 남편을 의심하는 건 아니지? 우리 남편은 절대 그럴 사람이 아니야. 너무 착해서 만날 손해만 보는, 그게 더 문제였던 사람이지."

그러자 요리가 물었다.

"금일봉 씨도 이자돈 씨의 알래스카 펀드에 투자했던데요?"

"그래. 그것 때문에 이렇게 된 거 아니니, 흑흑. 이자돈 씨 권유로 처음엔 여윳돈 5000만 원으로 펀드 투자를 시작했어. 그때는 이익을 많이 봤지. 그리고 나니까 자꾸 욕심이 생겨서 회사에서 돈까지 빌려 가면서 투자를 하는 거야. 내가 그렇게 말리는데도. 그런데 그게 다 휴지 조각이 되어 버렸지. 평범한 회사원이 2억 원이 넘는 빚더미에 올라앉았으니, 원금은 커녕 이자 갚기도 너무 힘들었어. 그러더니 결국 이렇게……. 흑흑흑."

그렇다면 단순히 투자 실패를 비관한 자살인가?

"가만, 그러고 보니 남편이 남긴 유서에 좀 이상한 부분이 있었어."

"유서요?"

금일봉의 부인이 내민 유서를 보니, 눈에 띄는 부분이 있었다.

> ……. 친구야, 미안하다. 내 힘으로는 도저히 막을 수가 없었어. 정말 미안해. 이제 네 곁으로 간다. …….

친구? 친구라면 이자돈을 말하는 것일까? 그리고 막을 수가 없었다니? 뭘 막을 수 없었다는 것일까? 혜성이와 요리는 두 사람의 죽음이 분명히 연관되어 있다는 확신이 들었다. 그렇다면 이자돈이 사라진 지난 일요일, 금일봉은 무엇을 했을까?

"아침 일찍 친구 만난다고 나갔다가 저녁 6시쯤 집에 왔어. 그런데 몸이 안 좋다며 곧바로 방으로 들어가 자더라고. 그러더니 다음 날 유서 한 장을 남기고는 회사 옥상에서 그만……, 흑흑흑."

그렇다면 더 확실하다. 분명히 둘은 일요일에 만났을 것이다. 그리고 이자돈의 죽음으로 인해 금일봉이 자살한 것이다. 그렇다면 금일봉이 이자돈을 죽이고 자신도 죽은 것일까? 그러나 두 사람은 이미 죽었고, 죽은 자는 말이 없다. 이제 어디서 그 증거를 찾는단 말인가!

 새로운 단서

그런데 다음 날, 개학식을 마치고 나오는 아이들을 어 형사가 급히 불러 세웠다.

"얘들아, 이리 와 봐. 빨리!"

아이들은 뭔가 있다는 생각에 재빨리 몰려들었는데, 어 형사가 가쁜 숨을 몰아쉬며 말했다.

"이자돈이 사라진 날 1시쯤 전화가 왔는데 바로 끊겼다고 했잖아? 그 위치가 경기도 함구군 함구리 도로변이야."

함구리라면 이자돈의 시신이 발견된 강나리에서 15킬로미터밖에 떨어지지 않은 곳이다. 그리고 시신이 떠오른 북송강이 함구리에서 강나리로 연결되어 있다. 달곰이가 나름대로 추리를 내놓았다.

"그럼 범인이 함구리에서 피해자를 죽이고 강에 버린 거예요. 그리고 포대 자루에 매달았던 돌이 빠지면서 강을 따라 강나리까지 내려온 거죠."

일리가 있는 말이다. 그렇다면 이자돈은 왜 그곳에 갔을까?

"그런데 이상한 점이 또 있어."

어 형사의 말에 모두 귀가 솔깃했다.

"이자돈이 오후 5시쯤 문자를 보낸 위치는 서울 송지 나들목 부근이야."

"엥? 그럼 말이 안 되잖아요. 함구리에서 죽은 사람이 어떻게 서울로 와서 문자를 보내요?"

그렇다. 좀 이상하다. 요리의 말에 영재가 추리를 했다.

"혹시 금일봉이 메시지를 보낸 게 아닐까? 금일봉이 이자돈을 함구리로 끌고 가서 죽인 거야. 그리고 가족들이 찾기 시작하면 자신의 범죄가 금세 드러날 테니까 시간을 벌기 위해서 일부러 이자돈의 휴대 전화를 가지고 서울까지 와서 메시지를 보낸 거지."

그러나 요리는 좀 이상하다는 생각이 들었다.

"하지만 이상하지 않아? 친구를 함구리까지 유인해 죽이고 강에 버린 다음 범행 은폐를 위해 문자까지 보냈다. 그렇다면 사전에 치밀하게 계획한 범죄라고 볼 수 있는데, 그렇게까지 한 사람이 왜 다음 날 자살을 했지? 그것도 미안하다는 유서까지 써 놓고."

요리의 말에 혜성이가 동의했다.

"맞아! 유서에 '내 힘으로는 도저히 막을 수가 없었다.'고 씌어 있었잖아. 그걸 해석하면 금일봉의 힘으로는 막을 수 없는 일이 벌어졌고, 그 일로 이자돈이 죽었다. 그리고 금일봉은 그걸 자책해서 자살했다. 이렇게 생각하는 게 더 맞지 않을까? 그렇다면 분명히 금일봉과 이자돈 말고 제삼자가 있어. 그리고 그 사람이 바로 사건의 용의자가 되는 거지."

바로 그때였다.

"그래, 바로 그거야."

박 교장이었다. 박 교장은 사진 한 장을 내밀었다.

"금일봉의 시신을 부검한 부검의한테 받은 사진이야."

금일봉의 손목을 확대한 사진이었다. 손목에 뭔가에 쓸린 자국이 살짝 나 있었다.

"이 상처로 볼 때 금일봉은 묶여 있었다고 볼 수 있지. 만약 금일봉이 묶인 상태에서 이자돈이 살해되었다면, 도저히 막을 수 없었겠지."

그래, 바로 이거다!

"좋아! 그럼 금일봉, 이자돈, 그 두 사람과 최근 자주 어울렸던 사람이 있나 찾아보자고."

어 형사의 말에 모두 다시 분주해졌다. 이제 또 다른 누군가를 찾아야 한다. 두 사람과 그날 함께 있었던 사람. 요리는 혹시나 해서 금일봉의 부인에게 전화를 걸어 물었다. 금일봉이 그날 함구군에 가지 않았느냐고. 그러자 금일봉의 부인은 약간 놀라는 목소리로 대답했다.

"함구군? 우리 남편 고향이긴 한데……. 거기서 고등학교까지 나오고 서울로 이사했다고 하더라고. 그래서 일 년에 한두 번 동창회한다고 가긴 했는데, 그날 갔는지는 모르겠어. 가면 얘기했을 텐데……."

이것은 새로운 사실이다. 이 사실을 들은 혜성이가 의견을 내놓았다.

"혹시 이자돈의 투자자 중에서 금일봉의 동창이 있나 찾아보는 건 어떨까? 금일봉이 친구한테 소개를 했을 수도 있잖아."

"그래, 그거 좋은 생각이다!"

아이들은 금일봉이 나왔다는 초등학교부터 시작해 중학교, 고등학교에 금일봉의 동창 명단을 의뢰했다. 그리고 그 명단과 이자돈의 고객 명단을 일일이 대조하기를 한 시간. 요리가 갑작스레 소리를 질렀다.

"있다. 있어! 한번만! 금일봉의 중학교 동창인데, 알래스카 펀드에 10억 원이나 투자했어."

"일단 이 사람부터 알아보자."

아이들과 어 형사는 곧바로 함구군으로 갔다. 그리고 한번만에 대해 알아보았는데……. 한번만. 금일봉의 함구 중학교 동창. 지금도 함구군에 살고 있고, 꽤 큰 술집을 운영하는 알아주는 부자. 지방 조폭과 연계되어 있다는 소문도 있고, 몇 년 전부터 펀드에 투자해 돈 좀 벌었다고 자랑 깨나 하고 다녔다니, 확실하게 의심이 간다.

어 형사가 한번만이 운영한다는 술집으로 갔다. 아직 한낮이라 종업원 몇 명이 문을 열 준비를 하고 있었고, 한번만은 보이지 않았다. 어 형사는 종업원 한 명을 붙잡아 물어보았다.

"혹시 일요일에 한번만 씨가 가게에 왔었나요?"

"네, 저녁 7시쯤 오셨어요."

"낮에는요?"

"낮에는 문을 안 여니까 잘 안 오세요."

"그럼 지금도 집에 계시나요?"

"모르겠어요. 워낙 바쁘신 분이라."

그렇다면 일단 한번만을 만나 보는 게 순서이다. 아이들과 어 형사는 한번만의 집을 찾아갔다. 그런데 갑자기 어 형사가 뭔가 생각난 듯 말했다.

"가만, 이 길. 바로 여기야."

"여기요?"

"그래. 오후 1시. 이자돈의 휴대 전화 신호가 잡혔던 곳이 바로 여기야."

그렇다면 이자돈은 한번만의 집으로 가고 있었다는 얘기? 아이들은 한번만이 용의자일 것이라는 확신이 들기 시작했다.

##  심증은 있는데 물증이 없다

한번만의 집은 산을 끼고 있는 집으로, 겉으로 보기에도 꽤 으리으리해 보였다. 마침 한번만은 집에 있었다. 양옆에 힘 깨나 써 보이는 사람을 둘씩이나 끼고 있어 조금은 험악한 분위기였다. 하지만 그렇다고 겁먹을 아이들이 아니지. 먼저 어 형사가 물었다.

"금일봉 씨 아시죠?"

"알죠. 동창인데."

"그럼 금일봉 씨가 자살했다는 소식도 아시겠네요?"

"네, 그저께 들었어요. 어제 문상도 갔다 왔죠. 어떻게 그런 일이……. 최근에 펀드에 투자해서 돈을 많이 잃었다고 하더니……."

한번만은 꽤 안타깝다는 표정을 지으며 말했다.

"금일봉 씨가 펀드에 투자한 거 아시네요?"

혜성이의 날카로운 질문에 한번만은 살짝 뜨끔하는 표정. 그러나 이내 당연하다는 듯 말했다.

"그럼. 지난번 동창회 때 만났는데, 손해를 많이 봤다고 계속 죽고 싶다고 그러더라고. 그래서 쓸데없는 소리 말라고 했는데, 결국……."

그러니까 금일봉이 투자에 실패해 자살한 것으로 몰고 싶다 이거지! 속이 훤히 들여다보이는 한번만의 말에 요리가 다시 한 번 강타를 날렸다.

"손해야 한번만 씨가 더 많이 보셨던데요. 알래스카 펀드에 10억 원이라는 큰돈을 투자하셨잖아요. 이자돈 씨를 통해서."

그러나 이내 크게 웃으며 대답하는 한번만.

"하하하. 그래, 나도 손해를 많이 봤지. 하지만 투자라는 게 다 손해 볼 때도 있고 이익 볼 때도 있는 거지 뭐. 그렇게 생각하고 있지. 하하하."

요리조리 잘도 빠져나가는군. 어 형사가 날카롭게 말했다.

"그런데 이자돈 씨가 얼마 전 이곳에서 사라졌고, 강나리 강가에서 시신으로 발견됐습니다."

순간, 저도 모르게 흠칫 놀라는 한번만. 이자돈의 시신이 발견되었다는 사실을 아직 모르고 있는 듯했다. 그러더니 한번만은 이제까지와는 전혀 다른 험악한 표정으로 버럭 소리를 질렀다.

"그러니까 지금 일봉이랑 이자돈의 죽음이 나랑 관련이 있다, 이건가? 어? 허 참, 사람을 잡아도 유분수지. 증거 있어? 내가 이자돈을 죽인 범인이라는 증거 있냐고?"

역시 펄쩍 뛰며 소리까지 지르는 것이 더 의심이 갔다. 하지만 심증은 있는데 물증이 없다. 그래서 물증을 찾으러 온 것이 아닌가. 여기에서 물러날 수는 없다. 어 형사가 다시 물었다.

"지난 일요일 낮 1시에서 5시까지 뭐 하셨죠?"

"뭐 하긴요. 골프 쳤어요, 친구들하고. 여기서 30분만 가면 골프장이 있으니까 가서 물어보세요. 내가 거기 있었는지 없었는지."

한번만은 흥분한 듯 팔까지 휘둘러 가며 언성을 높였다.

그때 요리의 눈에 번쩍 띄는 게 있었다. 올라간 셔츠 사이로 살짝 보이는 면 붕대. 요리가 얼른 물었다.

"어, 팔목을 다치셨네요?"

그러자 한번만은 재빨리 셔츠를 내리며 말했다.

"아, 이거. 골프를 좀 심하게 쳤더니……."

그러면 더 이상하다. 골프를 심하게 쳤으면 분명히 근육통일 텐데, 그렇다면 면으로 된 붕대가 아니라 잘 늘어나는 합성 섬유를 짜 넣어 만든 탄력 붕대를 감고 있어야 하는 게 아닌가? 그렇다면 붕대를 감은 이유는 범행을 저지르는 과정에서 다쳤기 때문일지도 모른다. 요리가 그런 생각을 하고 있는데, 한번만이 갑자기 벌떡 일어났다.

"이제 됐지? 내가 좀 바빠서……."

결국 어 형사와 아이들은 그의 집에서 쫓겨나다시피 나올 수밖에 없었다.

"일단 골프장에 가서 알리바이 조사부터 해 보자."

"네."

어 형사의 말에 대답은 했지만 아이들은 모두 풀이 죽었다. 좀 더 명확한 물증을 찾아야 하는데, 이제 어떡한단 말인가.

그런데 그의 집 마당을 가로질러 대문으로 나오던 달곰이의 눈에 들어오는 것이 있었다. 뒷산으로 연결된 작은 쪽문. 그리고 그 쪽문 옆에는 낙엽을 담아 놓은 듯한 커다란 포대 자루가 두서너 개 놓여 있었다.

'가만, 저 자루는!'

어디선가 많이 본 듯한 자루. 그렇다! 이자돈의 시신이 담겨 있던 자루와 똑같다. 물론 낙엽이나 쓰레기를 담는 데 많이 쓰이는 일반적인 자루이긴 하지만, 그래도 저 자루가 중요한 증거물이 될지도 모른다. 달콤이는 그 자루를 사진에 담았다.

##  단서를 찾아내다

돌아오는 길에 어 형사와 아이들은 골프장에 들러 한번만의 알리바이를 조사했다. 그런데 한번만의 주장대로 일요일 오후 1시에 그의 이름으로 골프 예약이 되어 있었고, 일행 네 명이 골프를 쳤다고 한다. 그렇다면 알리바이가 있다는 말인데…….

실망한 아이들과 어 형사가 막 차에 오르려고 할 때였다. 캐디 한 명이 눈치를 보며 다가오더니, 어 형사를 불러 살짝 말했다.

"그분, 여기 자주 오셔서 제가 아는데요. 그날은 안 오셨어요. 이름만 그렇게 되어 있었지, 다른 분들이 대신 왔어요."

뭐라고? 그렇다면 알리바이를 위해 일부러 자기 이름으로 예약을 하고 다른 사람을 보냈단 말인가? 역시 의심스럽다. 하지만 그것만 가지고는 확실한 증거라고 할 수 없다.

달곰이는 서울로 돌아오자마자 경찰청으로 갔다. 이자돈의 시신이 담겨 있던 포대 자루를 다시 보기 위해서. 자루는 예상대로 아까 한번만의 집에서 본 것과 같은 종류였다. 하지만 이는 절대로 증거가 될 수 없다. 전국에 수만 개는 깔렸을 테니까. 바로 그때였다.

"어, 이게 뭐지?"

자루를 뒤집어 안까지 살펴보던 달곰이가 무언가를 발견했다.

"가만, 그렇다면……. 그래, 바로 이거야!"

달곰이는 곧바로 다른 아이들에게 달려가 발견한 것을 보여 주었다. 그것은 작은 애벌레였다. 요리가 물었다.

"애벌레? 이게 단서가 될 수 있어?"

"이건 왕오색나비의 애벌레야. 곤충이 자랄 때 몇 가지 단계를 거친다는 건 알고 있지?"

"그럼. 그걸 '변태'라고 하잖아."

혜성이가 아는 척을 했다.

"그래, 맞아. 알, 애벌레, 번데기, 성충의 네 단계를 거치는 '완전 변태'를 하는 곤충도 있고 알, 애벌레, 성충의 세 단계를 거치는 '불완전 변태'를 하는 곤충도 있어. 여하튼 곤충은 변태 과정을 거쳐 성충이 되지. 그러다 보니 곤충마다 겨울을 나는 방식이 달라. 나방같이 알로 겨울을 나는 것도 있고, 장수풍뎅이같이 애벌레로 겨울을 나는 것도 있지. 호랑나비는 번데기로, 무당벌레는 성충으로 겨울을 나지."

"그럼 왕오색나비는 무엇으로 겨울을 나는데?"

영재가 물었다.

"바로 이 애벌레로. 그리고 왕오색나비의 애벌레는 팽나무 종류의 잎만 먹기 때문에 보통 팽나무의 낙엽 뒤에 붙어서 겨울을 나."

"팽나무? 가만! 아까 한번만네 집 뒷산에 팽나무가 있었나?"

영재가 물었다. 달곰이가 고개를 끄덕이며 대답했다.

"응, 분명히 있었어. 그러니까 그 숲에서 사건이 일어나지 않았을까?"

그러자 혜성이가 얼른 동의했다.

"그래! 숲에서 사건이 일어났고, 시신을 자루에 담는 과정에서 낙엽에 붙어 있던 이 애벌레가 같이 끼여 들어간 거야."

"좋아. 그럼 한번만의 집 뒷산에 가 보자. 이자돈의 핏자국이 있을지도 몰라."

달곰이의 말에 요리도 고개를 끄덕이며 말했다.

---

**왕오색나비란?**

네발나빗과에 속하는 나비로, 몸 길이가 3cm, 두 날개를 편 길이가 9cm나 되는 큰 나비야. 수컷은 날개 윗면이 짙은 보라색을 띠는데, 움직일 때마다 그 색깔이 변해 아주 아름답지. 사슴처럼 두 개의 뿔이 난 애벌레는 팽나무나 풍개나무 잎을 먹고 살아. 애벌레 상태로 팽나무 낙엽에 붙어 겨울을 난 다음 번데기를 거쳐 6월 중순쯤 성충이 되지.

"그래. 한번만의 핏자국도 있을지 몰라. 팔목을 다친 것으로 봐서는 분명히 범행을 저지르는 과정에서 이자돈과 몸싸움을 하다가 상처를 입은 것 같거든."

다음 날, 아이들은 어 형사와 함께 날이 밝자마자 다시 함구군으로 내려갔다. 그러고는 한번만의 집 뒷산에 가서 혹시 있을지도 모르는 핏자국을 찾아 온 산을 샅샅이 뒤지기 시작했다.

그러나 뻔히 보이는 핏자국을 한번만이 그냥 눈에 띄게 두었을 리는 없을 터. 여기저기 낙엽까지 들춰 가며 찾으려니 아직은 쌀쌀한 날씨에 쉬운 일이 아니었다. 하지만 여기서 포기할 수는 없었다. 그렇게 30분쯤 지났을까? 갑자기 혜성이의 흥분한 목소리가 들렸다.

"있다! 있어!"

순식간에 모여든 어 형사와 아이들. 혜성이가 가리키는 곳을 보니, 덮어 놓은 낙엽 밑으로 흐릿하지만 핏자국이 있었다. 그렇다면 이제 핏자국을 채취해 누구의 것인지를 밝혀야 한다. 아이들은 재빨리 핏자국이 남아 있는 낙엽과 흙 등을 가져와 DNA를 채취했고, 이자돈과 한번만의 DNA와 비교했다. 그 결과!

"일치해. 이자돈과 한번만의 핏자국이야."

> **낙엽은 왜 떨어질까?**
>
> 날씨가 추워지면 세포들의 활동이 약해지기 때문에 식물은 뿌리에서 물을 제대로 빨아들이지 못하게 되지. 게다가 겨울에는 햇빛이 약해서 광합성도 제대로 할 수가 없어. 그러니 겨울까지 잎을 달고 있는 건 양분도 못 만들면서 물만 축내는 상황. 결국 나무는 살아남기 위해서 잎을 떨어뜨릴 수밖에 없는 거야. 그래서 가을이 되면 잎과 가지를 연결하는 잎자루 끝에 '떨켜'를 만들어 물과 양분이 지나가는 길을 막아 잎자루가 가지에서 떨어지게 하지.

아이들은 모두 환호성을 질렀다. 한번만, 예상대로 그가 바로 범인이다!

##  범인이 밝혀지다

곧바로 한번만이 붙잡혀 오고, 한번만이 집 마당에 파묻어 놓은 범행에 사용된 칼도 찾아냈다. 결국 한번만은 자백을 했다.

10억 원이라는 엄청난 돈을 잃자, 화가 난 한번만은 이자돈에게 집이라도 팔아서 돈을 물어내라고 계속 협박했다. 그러나 펀드 매니저가 투자자의 손실을 다 메워 줄 수는 없는 일. 게다가 한번만 자신의 입으로 말한 것처럼 투자라는 것이 이익 볼 때도 있고 손해 볼 때도 있는 것 아닌가. 결국 한번만은 친구인 금일봉에게 이자돈을 자신의 집으로 데려오도록 시켰다.

"그냥 혼 좀 내서 보내려고 했는데, 갑자기 도망을 가잖아요. 그래서 홧김에 그만……."

"그럼 금일봉 씨 손목의 자국은 뭐죠? 그에게도 협박한 거 맞죠?"

어 형사가 소리를 지르자, 한번만은 고개를 숙이며 대답했다.

"현장을 목격했잖아요. 그래서 입 밖에 내지 말라고……."

한번만은 친구임에도 금일봉을 의자에 묶어 놓고, 범행 사실을 입 밖에 내면 죽이겠다는 협박까지 했다. 그것도 모자라 금일봉으로 하여금 이자돈의 시신을 자루에 넣어 강에 갖다 버리게 하고, 이자돈의 휴대 전화로 문자 보내는 일까지 시켜 금일봉을 공범으로 만들고 말았다. 그리고 갑작스런 끔찍한 상황에 시키는 대로 할 수밖에 없었던 금일봉은 다음 날 죄책감을 이기지 못하고 자살하고 만 것이다.

"휴, 요즘 경제가 어려우니까 별의별 사건이 다 일어나는군."

박 교장이 한숨을 쉬며 말하자 어 형사가 끼어들었다.

"그러니까 저처럼 돈 없는 사람이 최고라니까요. 그런데 왜 여자들은 이 어수선의 가치를 모를까?"

그러자 혜성이가 얼른 나서며 장난을 친다.

"왜요? 순정이 누나는 알잖아요."

그러자 한술 더 뜨는 어 형사.

"그래! 알고 보면 순정 씨가 진짜 제대로 된 사람이라니까. 역시 눈이 높아. 훌륭해."

"하하하하."

제 눈에 안경이라고. 여하튼 어 형사가 좋아하는 모습을 보니, 어느 날 갑자기 둘이 결혼이라도 한다는 건 아닌지……. 영 의심스럽네!

## 달콤이가 들려주는
## 사건 해결의 열쇠

 연이은 두 친구의 죽음이 서로 연관되어 있음을 직감하여 용의자를 찾아냈으나 물증이 없는 상황. 하지만 결국 범인을 밝혀낸 사건 해결의 열쇠는 바로 '곤충'에 대해 잘 아는 거지.

### 💡 곤충이란?

 곤충은 가장 많은 종류를 차지하고 있는 작은 동물이야. 현재까지 알려진 것만 해도 100만 종이 넘는다고 해. 그런데 우리가 만나는 작은 벌레들이 모두 곤충은 아니야. 곤충은 몇 가지 특징을 가지고 있거든. 곤충은 몸이 머리, 가슴, 배의 세 부분으로 나뉘어 있어. 그리고 다리는 3쌍, 즉 6개이고 날개는 대부분 2쌍이지.

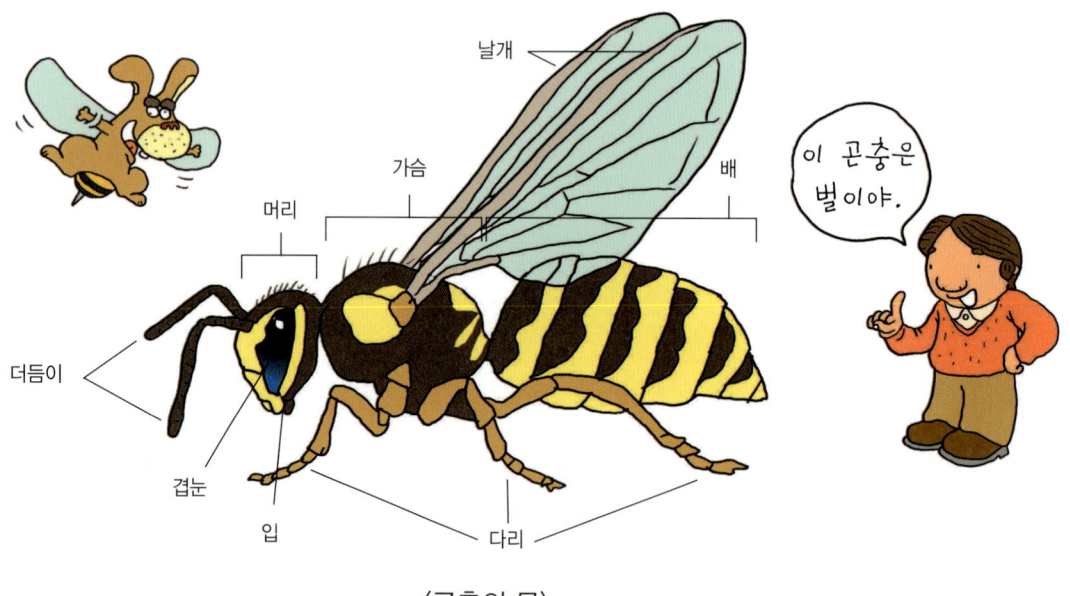

〈곤충의 몸〉

그래서 거미는 곤충이 아니야. 거미의 다리는 4쌍, 즉 8개나 되고 몸은 머리가슴과 배의 두 부분으로만 나뉘기 때문이지.

곤충의 머리에는 더듬이 1쌍, 겹눈 1쌍, 홑눈 3개, 입이 있어. 더듬이는 냄새를 맡아 먹이를 찾거나 맛을 구별하고 짝을 찾는 중요한 기관이야. 겹눈은 수많은 낱눈이 모여 이루어진 눈인데, 물체의 모양과 색을 모자이크처럼 한데 모아 볼 수 있어. 홑눈은 밝고 어두운 정도를 구별하는 역할을 하지.

## 💡 곤충의 한살이와 변태

곤충은 알에서 나와 성충이 된 다음 짝짓기를 하고 알을 낳고, 또 그 알에서 새 생명이 나오지. 이런 생활의 한 차례를 '한살이'라고 해. 이때 알에서 시작하여 성충이 될 때까지 여러 단계에 걸쳐 몸의 형태가 변하는데, 이를 '변태'라고 하지. 변태에는 완전 변태와 불완전 변태가 있어.

'알→애벌레→번데기→성충'의 네 단계를 거치는 경우를 '완전 변태'라고 해. 나비, 딱정벌레, 파리, 벌, 개미 등 대부분의 곤충들이 완전 변태를 하지.

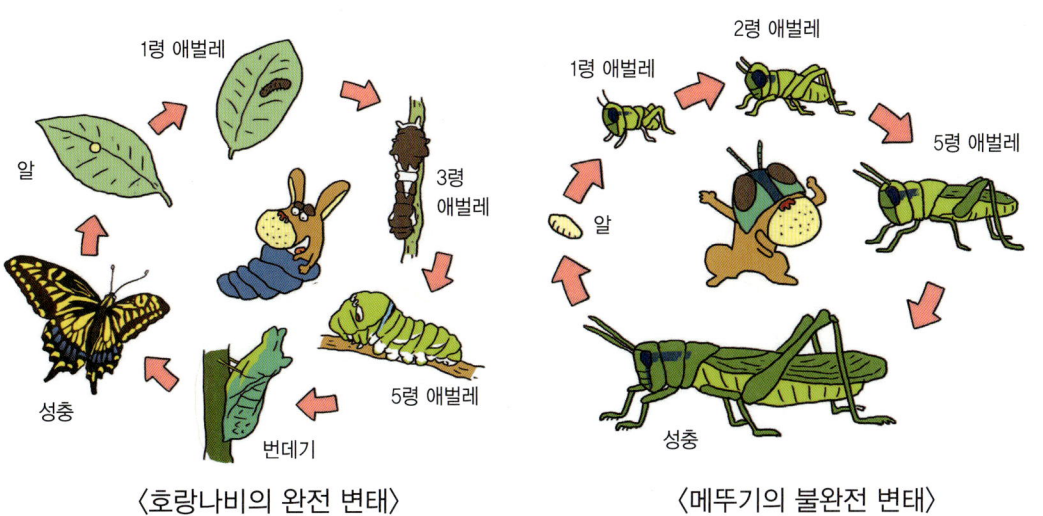

〈호랑나비의 완전 변태〉  　　　　〈메뚜기의 불완전 변태〉

보통 애벌레는 성충과 아주 다르게 생겼고, 먹이도 달라. 예를 들어 배추흰나비 애벌레인 배추벌레는 배추, 양배추, 무 등의 잎을 먹어. 호랑나비 애벌레는 탱자나무, 산초나무, 귤나무 등의 잎을 먹지. 왕오색나비 애벌레는 팽나무나 풍개나무 잎을 먹어. 애벌레가 먹이를 충분히 먹고 나면 번데기가 돼. 번데기는 움직이지 않고 가만히 있지만, 그 속에서 애벌레의 모습이 완전히 없어지고 성충의 모양을 갖추게 되지.

'불완전 변태'는 '알→애벌레→성충'의 세 단계를 거치는 경우를 말해. 메뚜기, 잠자리, 매미 등의 곤충이 불완전 변태를 하지. 메뚜기나 풀무치 등의 애벌레는 날개가 없을 뿐 성충과 매우 비슷하게 생겼는데, 잠자리나 하루살이 등의 애벌레는 성충과 아주 다르게 생기고 사는 곳도 다르지.

이렇게 변태를 거쳐 성충이 되면 짝짓기를 한 다음 알을 낳는데, 이때는 알에서 나온 애벌레가 먹을 먹이가 많은 곳에 알을 낳아. 짝짓기를 마치고 알을 낳은 성충은 대부분 죽어서 한살이를 마쳐.

### 곤충의 겨우살이

곤충은 대부분 겨울에 죽는데, 종에 따라 한살이의 어느 단계에서 겨울을 나는 종이 있어. 이들은 저마다 다른 방식으로 추운 겨울을 안전하게 나지.

텐트나방, 풀무치, 메뚜기, 밤나무산누에나방 등은 알로 겨울을 나. 텐트나방이나 밤나무산누에나방의 알은 나뭇가지에 단단히 붙어 있어. 풀무치나 메뚜기의 알은 땅속에 있지.

사슴벌레, 유지매미, 왕오색나비 등은 애벌레로 겨울을 나. 사슴벌레 애벌레는 흙 속에 있고, 유지매미 애벌레는 나무뿌리 속에 숨어 있고, 왕오색나비 애벌레는 낙엽 뒤에 있지.

노랑쐐기나방, 호랑나비, 박각시 등은 번데기로 겨울을 나. 노랑쐐기나방이나 호랑나비의 번데기는 나뭇가지에 붙어 있고, 박각시 번데기는 땅속에 있지.
그리고 무당벌레, 네발나비 등은 성충으로 겨울을 나. 이들은 나무 속이나 낙엽 아래에 모여서 겨울을 나지.

〈곤충의 겨우살이〉

그러니까 생각해 봐. 시신이 담겼던 자루에서 발견된 왕오색나비 애벌레. 그 애벌레는 팽나무 잎만 먹고 살아. 이는 사건이 일어난 곳이 팽나무 숲일 가능성이 크다는 것을 뜻하지. 그래서 팽나무 숲을 뒤진 결과, 피해자와 범인의 핏자국이라는 명백한 증거를 찾아낸 거야. 어때, 이젠 알겠지?

■ 핵심 과학 원리 - 달의 모양 변화

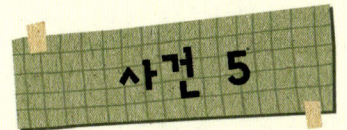

# 지하실을 탈출하라!

"그래. 비밀번호 네 자리를 눌러야 열리는 자물쇠야.
제한 시간은 한 시간. 한 시간 안에 이곳을 탈출해야만
시험에 통과할 수 있어. 그럼 행운을 빌어."

##  시험 문제를 내다

드디어 어린이 형사 학교 신입생을 뽑기 위한 3차 시험 결과가 발표되었다. 지난해 12월에 처음 치른 1차 필기 시험을 시작으로, 전공 과목에 대한 2차 구술 시험, 3차 기초 체력 검사까지 통과한, 각 전공별로 한 명씩 모두 네 명의 합격자가 발표된 것이다.

"어, 지구 과학 전공, 강별! 형, 얘, 그때 그 애 아냐? 형한테 인사했던."

달곰이가 놀라며 묻자, 혜성이가 약간 우쭐한 표정으로 대답했다.

"그러네. 제법인데!"

혜성이가 그러면서 슬쩍 요리의 눈치를 보니, 요리는 들었는지 못 들었는지 딴청을 하며 계속해서 합격자 명단만 보았다.

"화학 전공 합격자는 양철민이네. 빨리 보고 싶다. 어, 그런데 영재야! 물리 전공 합격자는 황수리? 여자애인가 봐."

"그런가 보네."

영재는 영 관심이 없는 듯했다.

"아, 빨리 보고 싶다. 난 동생이 없어서 옛날부터 동생 있으면 참 좋겠다고 생각했거든. 모두 잘해 줘야지, 친동생처럼."

달곰이는 특히 신이 났다. 어쨌든 후배가 생긴다는 것은 즐거운 일이다. 아이들은 '어린이 과학 형사대 CSI' 대원으로 뽑히면서 어린이 형사 학교에 특별 입학한 경우. 지난해 11월에 1학년으로 들어와 넉 달 만에 1

학년 과정을 마쳤기 때문에 바로 밑의 학년이 없다. 그러니 이제 들어오는 1학년 후배들이 기다려지는 것은 당연한 일이었다.

"그러고 보니, 얘들 대단한 아이들이다. 경쟁률이 무려 28대 1이었잖아."

"그리고 3차 시험까지 모두 통과했으니, 알고 보면 무서운 아이들이지."

"나중에 우리보다 더 유능한 형사가 되는 거 아냐?"

그렇게 아이들이 기쁨 반 걱정 반으로 수다를 떨고 있는데, 어 형사가 아이들을 불렀다.

"교장 쌤이 부르셔."

박 교장이? 갑자기 무슨 일일까? 모두 궁금해 하며 교장실로 갔다.

"3차 합격자 발표 명단 봤지?"

"네."

"이제 4차 시험만 남아 있는데……."

4차 시험이 남아 있다는 말에 아이들은 깜짝 놀랐다.

"끝난 거 아니었어요?"

혜성이가 묻자 어 형사가 당연하다는 듯 대답했다.

"당연하지. 너희도 봤잖아."

"저희도요? 언제요?"

"으유~, 교장 쌤 구한 거 있잖아!"

아, 최종 관문이라더니 그게 바로 어린이 형사 학교 입학을 위한 4차 시험이었구나!

학교에 오라고 하기에 얼떨결에 왔다가 갑자기 사건에 휘말린 듯 치러 낸 모의 사건 시험. 아이들은 그때의 급박했던 상황이 다시 떠올랐다. 컴컴한 지하실, 커다란 바위 밑에 깔린 박 교장을 구하기 위해 얼마나 난리를 쳤는지……. 지금 생각하면 어쩜 그렇게 감쪽같이 속아 넘어갔는지 우습기도 하지만 그때는 정말 큰일 난 줄 알았다.

"이번에는 너희가 시험 문제를 내 보거라."

갑작스런 박 교장의 말에 아이들은 다시 한 번 깜짝 놀랐다.

"네? 시험 문제를 저희가 내라고요?"

"그런 걸 저희가 어떻게 내요?"

저마다 한마디씩 하자, 박 교장은 껄껄 웃으며 대답했다.

"하하하. 어렵게 생각할 거 없어. 어린이 형사 학교 학생으로서 갖춰야 할 자질 중 무엇이 가장 중요한지 생각해 봐. 그리고 그걸 알아볼 수 있는 문제를 내면 되는 거야."

헉! 듣고 나니 더 어렵다. 그러자 어 형사가 나서며 수선을 떨었다.

"너희 영광인 줄 알아라. 이제껏 학생들이 직접 시험 문제를 낸 경우는 한 번도 없었어. 나 같으면 얼른 한다고 하겠다. 뭐, 하기 싫음 말고. 교장 쌤, 애들 싫다는데 제가 낼까요?"

그렇다면! 혜성이가 얼른 나서며 말했다.

"아니에요. 할게요. 재미있을 것 같아요."

결국 아이들은 4차 시험인 모의 사건 시험 문제를 내기로 했다.

##  후배들을 만나다

4차 시험 날짜는 CSI가 진급 시험을 치르고 난 이틀 후. CSI는 시험을 끝내자마자 문제를 내고 사건 현장을 준비하느라 바쁜 시간을 보냈다. 그리고 드디어 시험일이 되었다.

신입생 소집 시간인 오전 9시가 가까이 오자, 아이들이 모이기 시작했다.

"혜성 선배, 안녕하세요? 저 기억하시죠?"

제일 먼저 도착한 강별이 오자마자 혜성이에게 인사를 건넨다.

"어, 그, 그래. 축하한다."

강별

혜성이가 엉겁결에 축하 인사를 하자 뭐가 그리 좋은지 활짝 웃는 강별. 역시 예쁘긴 예쁘다. 그러나 다른 선배들에게도 인사는 해야 하지 않을까? 나머지 세 아이들은 씁쓸한 마음이 들었다. 그때 귀에 익은 목소리가 들렸다.

"달곰이 형, 안녕하세요?"

가만, 이 아이는! 1차 시험 때 늦어서 달곰이가 시험장까지 데려다 준 아이. 달곰이도 다른 아이들도 금방 알아보았다. 작은 키에 귀엽게 생긴 아이.

"어, 너는!"

"소남우예요. 생물 형사에 합격했어요. 선배님들도 안녕하세요? 잘 부탁드려요."

소남우

그래, 그래! 얘는 좀 됐구먼. 선배들한테 인사도 잘하고. 달곰이는 내심 반가웠다. 그때 왠지 모르게 친근하게 느껴졌는데 아무래도 인연인가 보다. 물론 4차 시험을 통과해야 하지만······.

그 다음 도착한 아이는 물리 형사를 지원한 황수리. 낯을 많이 가리는지 들어오자마자 고개를 푹 숙여 인사를 하더니, 그냥 자리에 가서 앉았다. 숫기 없는 것이 영재와 비슷한 것도 같다.

황수리

이제 남은 시간은 5분. 아직 한 명이 안 왔다. 늦으면 자동 탈락인데⋯⋯. 아이들은 괜히 걱정이 되기 시작했다. 4분, 3분, 2분⋯⋯.

바로 그 순간이었다. 쾅 하는 소리와 함께 문이 벌컥 열리더니, 키가 크고 바짝 마른 것이 어딘지 모르게 어 형사와 비슷한 느낌이 드는 아이가 숨을 헐떡이며 뛰어 들어왔다. 그러고는 크게 소리쳤다.

"세이프!"

이건 또 뭔 소리야! 야구하러 온 것도 아니고 세이프라니. 그러더니 그 아이는 갑자기 아이들에게 일일이 인사를 하기 시작했다.

"안녕하세요, 이요리 선배님! 화학 형사 양철민이라고 합니다."

"그래, 네가 양철민이구나! 반갑다."

"안녕하세요, 나혜성 선배님! 화학 형사 양철민이라고 합니다."

양철민

"그래, 반갑다."

그렇게 일일이 인사를 하는데, 정말 어수선한 것이 어 형사에게 인사 받는 느낌이라고나 할까? 아이들은 푹 하고 웃음이 났다. 그 자리에서 양철민의 별명이 지어졌다. '리틀 어 형사'. 진짜 웃긴다.

지하실을 탈출하라!

##  시험을 시작하다

양철민의 어수선한 인사가 끝나자마자 진짜 어 형사가 들어왔다. CSI 대원들은 웃음이 나는 것을 참느라 안간힘을 썼다. 오늘따라 잔뜩 무게 잡고 있는 어 형사. 괜히 후배들 앞에서 웃었다간 삐칠지도 모른다.

"자, 그럼 시작해 볼까?"

어 형사의 말이 끝나자, 요리가 시험 볼 아이들에게 말했다.

"따라와."

아이들이 줄줄이 요리를 따라갔다. 요리가 4차 시험을 치를 아이들을 데려간 곳은 바로 지하실. 네 아이들이 어리둥절해 물었다.

"여기가 어디예요?"

"여기서 시험 봐요?"

그러자 요리는 조금은 단호한 투로 말하기 시작했다.

"맞아. 여기가 바로 시험 장소야. 이제 이 문은 내가 나가면 바로 잠길 거야. 나올 수 있는 방법은 단 한 가지. 저 위에 있는 창문뿐이지."

올려다보니, 아이들 키보다 훨씬 높은 위치에 겨우 한 사람이 빠져나 갈 만한 크기의 창문이 나 있었다. 그런데 이런, 창문이 잠겨 있는 것이 아닌가! 그것도 단단한 자물쇠로.

"자물쇠가 있는데요."

강별이 황당하다는 듯 물었다.

"그래. 비밀번호 네 자리를 눌러야 열리는 자물쇠야. 제한 시간은 한 시간. 한 시간 안에 이곳을 탈출해야만 시험에 통과할 수 있어. 그럼 행운을 빌어."

요리는 말이 끝나자마자 문을 닫고 나왔다. 안에서는 난리가 났다.

"아니, 저, 저……."

"선배! 선배!"

전혀 예상치 못한 황당한 상황. 4차 시험이라고 하기에 간단한 면접 정도 볼 줄 알았는데……. 전체 네 명 뽑는데 3차에서 네 명이 뽑혔으니, 합격은 떼어 놓은 당상. 그렇다면 4차 시험은 그저 의례적인 절차일 거라고 예상했던 것이다. 그런데 사람을 가두고는 한 시간 안에 탈출하라니, 기가 막힌 노릇이 아닌가. 게다가 방에 있는 것이라고는 덩그렇게 바닥에 놓인 노트북 컴퓨터 한 대와 물이 담긴 유리컵 네 개. 물 마시고 버티라는 건지……. 도대체 뭘 어떻게 하라는 것인지 알 수 없었다.

"뭐야? 이게 시험이야?"

강별이 황당하다는 듯 말하자, 양철민이 수선스럽게 불만을 터뜨렸다.

"허 참, 기가 막히네. 도대체 비밀번호를 어떻게 알라는 거야? 그리고 비밀번호를 알았다 치더라도 저렇게 놓은 곳까지 어떻게 올라가냐고요! 의자라도 있으면 밟고 올라가지. 아무것도 없잖아!"

그러자 소남우가 약간은 겁먹은 듯한 목소리로 말했다.

"그런데 여기 좀 무섭다. 우리 빨리 나가자."

"누군 빨리 나가고 싶지 않아서 이러고 있냐! 방법이 없으니까 그렇지."

강별이 약간 신경질적으로 대꾸했다. 갑작스런 상황에 모두 저도 모르게 진짜 성격이 튀어나오는 것이다. 마치 CSI가 처음 만났을 때처럼 말이다. 그리고 이 광경을 우리의 CSI는 교장실에서 지하실 천장에 설치해 놓은 CCTV를 통해 보고 있었다.

"어때? 제시간에 나올 것 같아?"

어 형사가 물었다.

"글쎄요. 지금으로 봐서는 좀 어려울 것 같은데요."

영재가 대답했다.

"어서 빨리 상황을 파악하고 움직여야 하는데……."

요리가 답답하다는 듯 말했다. 그러자 혜성이가 덧붙였다.

"이번 시험을 치르고 나면 어린이 형사 학교 학생으로서 어떤 자질이 필요한지를 분명히 깨닫게 될 거야. 그치?"

"맞아. 맞아."

모두 맞장구를 쳤다. 그때, 바로 뒤에서 들려오는 날카로운 목소리.

"으이그~, 댁들이나 잘하세요."

가만, 정 형사다! 그렇다면 정 형사가 새 입학생들을 맡는다는 소문이 사실이었단 말인가.

'너희 이제 다 죽었다.'

CSI는 괜히 고소한 생각이 들었다. 선배가 그러면 안 되는데…….

##  비밀번호를 찾아라!

 그렇게 지하실에 갇힌 네 아이들이 불평만 늘어놓는 사이, 시간은 벌써 5분이 지나고 있었다. 비밀번호 네 개를 알아내고 탈출하는 데 한 시간은 결코 길지 않은데 저러고만 있으니, 정말 답답한 일이다. 바로 그때 이제껏 아무 말도 않고 가만히 컴퓨터 앞에 앉아만 있던 황수리가 갑자기 컴퓨터 전원을 켜더니 말했다.
 "이거다!"
 순간, 모두 컴퓨터 앞으로 모였다. 컴퓨터 화면에는 큰 글씨로 이렇게 씌어 있었다.

> 작아서 보이지 않는다고 탓하지 말라. 크게 보여 줄 것이니.

 "뭐라는 소리야?"
 양철민이 물었다. 그러자 강별은 번뜩 생각이 났다.
 "가만! 혹시 이게 비밀번호를 가르쳐 주는 힌트가 아닐까?"
 순간, 모두 동시에 소리를 질렀다.
 "그래, 그거다!"
 "그런데 작아서 보이지 않는다? 크게 보여 준다? 이게 무슨 말이지?"
 소남우가 이해할 수 없다는 듯 고개를 갸우뚱하자 성질 급한 양철민이

속이 타는 듯 물컵을 들며 말했다.

"아, 목 탄다, 목 타. 도저히 알 수가 있어야지."

바로 그때였다. 갑자기 황수리가 소리를 질렀다.

"잠깐!"

모두 깜짝 놀라 황수리를 쳐다보았다. 양철민도 물을 마시려다 멈칫했다.

"그거야. 바로 그 물컵! 크게 보여 준다고 했잖아. 이 물컵으로 보면 크게 볼 수 있어."

"정말? 어떻게?"

그러자 황수리는 잠깐 두리번거리더니, 컴퓨터 모니터에 씌어진 작은 글씨를 가리키며 말했다.

"자, 이 글씨, 잘 봐."

그러고는 물컵을 들어 글씨에 대니, 글씨가 크게 보이는 것이 아닌가.

"와, 진짜! 크게 보인다!"

모두 신기한 듯 말하자 황수리가 차분히 설명했다.

> ### 빛의 굴절
> 빛은 한 물질에서 다른 물질로 나아갈 때 두 물질 사이의 경계면에서 꺾이는데, 이를 어려운 말로 '굴절'이라고 해. 물에 넣은 젓가락은 더 확대되어 굵게 보이고, 컵에 넣은 동전은 마치 위로 떠 있는 것처럼 보이지. 또, 볼록한 돋보기로 사물을 보면 크게 보이는 것도 빛의 굴절 현상 때문이야.

"빛은 성질이 다른 물질을 만나면 그 경계면에서 꺾여. 이런 성질을 이용해 빛을 꺾이게 해서 물체를 크게 보이게도 하고 작게 보이게도 하는 투명한 물질이 '렌즈'야. 컵에 물을 넣고 컵 건너편에 있는 물체를 보면, 물이 든 부분이 렌즈처럼 작용해 물체가 크게 보여."

그러자 강별이 아는 척을 했다.

"그러니까 볼록 렌즈처럼 물체를 크게 보여 준다는 거잖아."

"그렇지. 여기 어딘가에 비밀번호가 씌어 있으니까 이 물컵을 이용해 확대해서 보라는 말이 되겠지."

황수리의 말이 끝나자마자 양철민이 벌떡 일어나며 말했다.

"그럼 빨리 찾아보자."

"그래, 찾아보자."

네 아이들은 누가 먼저랄 것도 없이 저마다 컵을 들고 숫자를 찾기 시작했다. 하지만 도대체 어디에 숫자를 써 놓았는지 지하실을 이 잡듯이 찾아도 잘 보이지 않았다. 그렇게 찾기를 15분. 강별이 갑자기 소리를 질렀다.

"있다. 여기 있어."

모두 달려가 보니, 지하실 한쪽 구석에 아주 작은 글씨로 숫자가 하나 씌어 있었다. '7'이었다.

"그럼 첫 번째 비밀번호는 7이네. 그럼 다음 번호는 또 어디서 찾지?"

소남우가 물었다. 그러자 황수리가 말했다.

"혹시 컴퓨터에 7을 입력하면 나오는 게 아닐까?"

"그래, 맞다!"

모두 동시에 소리를 질렀다. 그리고 컴퓨터에 숫자 '7'을 입력했더니, 딩동댕 소리와 함께 다음 화면이 나오는 것이 아닌가! 아이들은 모두 얼싸안고 난리가 났다. 아까의 어색함과 싸늘한 분위기는 다 어디 가고 마치 오래된 친구들처럼 어울리는 아이들. CCTV를 통해 그 모습을 지켜보는 박 교장의 얼굴에 살짝 미소가 떠올랐다. 어 형사도 한마디 한다.

"오, 이제 발동 걸렸구먼. 하하하."

물론 CSI도 기분이 좋았다. 하지만 이제 남은 시간은 약 30분. 그 안에 나머지 숫자 세 개를 알아내고 탈출해야 하는데…….

"빨리 해. 빨리."

저도 모르게 소리치고 있는 CSI. 그래도 선배라고 걱정은 되는 모양이었다. 정 형사의 얼굴에도 살짝 미소가 떠올랐다.

지하실을 탈출하라!

##  지하실을 탈출하라!

그런데 막상 컴퓨터 화면을 보니, 이건 또 뭔가?

> 벚꽃, 불가사리, 철쭉

"벚꽃이랑 철쭉은 식물, 불가사리는 동물?"
양철민이 고개를 갸우뚱하며 말했다.
그러자 소남우가 알았다는 듯 말했다.
"아니야. 숫자잖아. 이건 5야, 5."
"5? 왜?"
모두 소남우를 쳐다보며 물었다.
"벚꽃이랑 철쭉은 꽃잎이 다섯 장이거든. 그리고 불가사리의 팔도 보통 다섯 개지. 물론 8개에서 16개인 것도 있고 40개인 것도 있지만, 다른 것들과 공통되는 숫자를 찾으면 5. 그러니까 두 번째 비밀번호는 5야."
"좋아. 그럼 입력해 보자."

강별이 컴퓨터에 5를 입력했다. 그랬더니 '딩동댕' 소리가 나면서 다음 화면으로 넘어갔다. 두 번째 비밀번호는 소남우의 재치로 아주 쉽게 알아낼 수 있었다.

그렇다면 세 번째 비밀번호는? 화면을 보니, 사진 한 장이 떠 있고 이렇게 씌어 있었다.

> 사진으로 기억하라. 그날이 떠오를 것이니.

헉, 갈수록 태산이라더니 이번엔 웬 사진!

"여하튼 사진 속에 뭔가 답이 있다는 얘기네."

양철민의 말에 모두 사진을 유심히 살펴보았다. 눈 내리는 날 밤에 찍은 사진인데 아무리 봐도 숫자와 연관된 것은 보이지 않았다.

"혹시 눈 내린 날을 말하는 게 아닐까? 컴퓨터로 검색해 보자."

강별의 말에 양철민이 반대를 하고 나섰다.

"에이, 그걸 어떻게 다 찾아. 그리고 서울에서 눈 내린 날짜를 찾을 거야, 부산에서 눈 내린 날짜를 찾을 거야?"

일리 있는 말이다. 그러자 사진을 유심히 살피던 소남우가 말했다.

"서울이야. 여기 이 다리, 한강에 있는 잠수교야. 다리가 위아래로 두 개잖아."

그렇다면 서울에 눈이 내린 날. 그날도 하루 이틀이 아닐 텐데…….

> **불가사리란?**
>
> 몸이 납작하고 몸 가운데에서 팔이 방사형으로 뻗어 있어 별 모양을 하고 있는 바다 동물이야. 보통은 팔이 다섯 개이지만 40개가 넘는 것도 있지. 껍데기가 단단한 조개류를 좋아하는데, 빨판으로 껍데기를 벌려 부드러운 부분을 먹어. 위험하다고 느끼면 자기 팔을 스스로 잘라 내고 도망가. 잘린 자리에서는 새로운 팔이 자라나지.

그래도 찾아봐야겠지! 일단 기상청 홈페이지에 들어가 지난 날씨를 검색해 보니, 지난해 12월만 해도 일주일, 그리고 올해 1월에도 나흘 이상 눈이 내렸다. 막막한 상황.

바로 그때였다. 사진을 계속 유심히 보던 강별이 말했다.

"잠깐, 알았다! 이것 봐. 여기 건물 뒤쪽으로 살짝 보이는 달. 이 달이 바로 힌트야!"

"달이?"

"응. 이 달은 초승달이야. 달은 스스로 빛을 내지 못하거든. 그래서 우리가 보는 달빛은 달이 햇빛을 반사한 빛을 보는 거지. 지구에서는 달이 햇빛을 받는 부분만 보이는데, 달이 지구 주위를 돌기 때문에 햇빛을 받는 부분이 매일 달라져서 달의 모양은 매일 바뀌지."

그러자 소남우가 물었다.

"그럼 초승달이 뜨는 날은 며칠인데?"

"음력으로 매달 3, 4일쯤. 그리고 점점 차서 상현달이 되었다가 음력 15일쯤엔 완전히 동그란 보름달이 되지. 그 다음 점점 기울어서 하현달이 되었다가 그믐달이 되고 29, 30일쯤에는 보이지 않게 돼."

그러자 황수리가 차분하게 정리했다.

"그러니까 음력으로 3, 4일쯤 되는 날 중 눈이 온 날을 찾으면 되겠다."

"그래, 바로 그거야!"

아이들은 재빨리 눈이 온 날이 음력으로 며칠인지 찾아보았다. 그랬더니 지난해 12월 29일에 눈이 왔고, 그날이 음력으로 12월 3일이었다.

"가만, 그럼 음력으로 3이라는 숫자를 넣어야 하는 거야? 아니면 양력으로 29를 넣어야 하는 거야?"

선택이 쉽지 않았다. 하지만 시간이 없다.

"이제껏 일의 자리 숫자만 나왔으니까 '3'이 아닐까?"

강별이 말했다.

"그래. 시간 없으니까 빨리 눌러 봐."

양철민이 재촉을 했다. 그래서 '3'을 입력했더니, 딩동댕!

"와! 됐다, 됐다!"

또다시 서로 얼싸안고 난리가 났다. 그리고 그걸 지켜보던 CSI도 덩달아 난리가 났다. 도대체 누가 시험을 보는 건지…….

"이제 마지막 고비만 넘기면 되겠다."

달곰이가 주먹까지 꼭 쥐어 가며 말하자, 요리도 마음이 다급해졌다.

"영재야, 시간 얼마나 남았지?"

"10분."

"마지막 힌트를 이해해야 될 텐데……."

혜성이도 조금 걱정이 되었다.

그 시간 마지막 힌트를 본 아이들은 또다시 황당한 표정.

> 어린이 형사 학교 학생이 되려면 어떤 자질이 필요하다고 생각하십니까?

"헉! 이건 또 뭐야?"

"어떤 자질이 필요하냐고? 이게 무슨 힌트야?"

"할 수 없어. 생각할 시간이 없으니까 일단 올라가서 세 숫자를 누르고 나머지는 0부터 9까지 눌러 보자."

강별의 말에 소남우가 걱정스러운 표정으로 말했다.

"그런데 저기까지 어떻게 올라가? 너무 높잖아."

바로 그때였다. 양철민이 넙죽 엎드리며 말했다.

"강별, 내 등 밟고 올라가."

어디서 이런 터프함이 나왔는지! 이제까지의 어수선함은 온데간데없고, 갑자기 멋있어지려는 순간. 망설이는 강별을 양철민이 재촉했다.

"빨리! 시간 없어."

강별이 양철민의 등을 밟고 올라섰다. 강별의 키가 커서인지, 다행히 자물쇠가 손에 닿았다. 강별은 재빨리 비밀번호를 눌렀다.

7, 5, 3, 0. 그러나 안 열린다. 그럼 7, 5, 3, 1. 역시 아니다. 그렇게 계속 일의 자리 숫자를 바꿔 가며 눌렀는데, 4를 누르자 딸깍! 자물쇠가 풀렸다.

"됐다!"

강별의 말에 모두 좋아서 난리가 났다. 그러나 좋아하고만 있을 시간이 없다. 5분밖에 안 남은 것이다. 이제 필요한 것은 스피드!

"강별, 네가 먼저 나가서 우리를 끌어 올려 줘."

"알았어."

밑에서 세 명의 아이들이 강별의 다리를 들어서 올리자, 강별이 창문으로 겨우 빠져나갔다.

"다음은 황수리, 너 나가!"

그래도 남자라고 여자아이들을 먼저 내보내는 이 센스! 양철민에게 보기와는 다른 남자다운 모습이 보인다.

남자아이 둘이 황수리를 들어 올리고 위에서는 강별이 잡아끄니, 황수리도 탈출에 성공. 이제 남은 사람은 남자아이 둘.

"소남우, 너 나가!"

이번에도 양철민이 양보했다. 그러자 소남우는 얼른 사양했다.

"아니야. 네가 먼저 나가."

"빨리! 시간 없어. 1분 30초밖에 안 남았어."

양철민이 마지막 힘을 다해 소남우를 들어 올리자, 강별과 황수리가 끌어 올렸다. 다행히 워낙 작고 가벼운 덕에 소남우도 탈출 성공.

그러나 이제 남은 시간은 50초. 50초 안에 양철민까지 탈출해야 성공인데, 양철민 혼자 나올 수 있는 방법이 없었다. 바로 그때 강별이 소리쳤다.

"줄, 줄이 필요해. 어디 줄 없을까?"

그러자 황수리가 얼른 소리쳤다.

"있어. 잠깐만."

황수리는 갑자기 벨트를 풀기 시작했다.

"나도. 나도 있어."

소남우도 벨트를 풀었다. 강별이 얼른 두 벨트를 단단히 묶었다. 그러고 나서 재빨리 양철민한테 내밀며 말했다.

"빨리 잡아!"

양철민이 벨트를 잡자, 밖에 있는 세 명이 힘껏 잡아끌었다. 양철민이 벽을 타고 조금씩 올라왔다. 이제 남은 시간은 20초.

"빨리! 빨리!"

CSI도, 박 교장, 어 형사, 정 형사까지 손에 땀을 쥐고 지켜보았다. 이때 드디어 양철민의 머리가 창문으로 보이기 시작했다. 바로 그 순간, 묶었던 두 벨트가 풀리면서 양철민이 다시 밑으로 쏙! 떨어졌다.

"헉! 어떡해!"

세 아이들은 기겁을 해 창문으로 몰려들었다.

10초도 안 남았는데 다시 끌어 올릴 시간이 없다. 바로 그때였다. 창문으로 양철민의 머리가 쑥 올라왔다. 다행히 떨어지기 직전에 창문턱을 잡은 것. 모두 힘을 모아 양철민을 끌어 올렸다. 그리고 양철민까지 빠져나온 순간, 벨이 울렸다.

모두 기진맥진해서 쓰러져 있는데, 짝짝짝! 어디선가 박수 소리가 들렸다. 아이들이 놀라 정신을 차리니, 박 교장, 어 형사, 정 형사, CSI 대원들이 만족한 웃음을 띠며 박수를 치고 있었다.

"어린이 형사 학교 입학 시험을 모두 통과했다. 축하한다."

"와, 성공이다! 성공! 하하하."

네 명이 얼싸안고 좋아하는데, 눈치 없는 어 형사가 던진 한마디.

"이번 시험은 여기 CSI 선배들이 출제했다."

순간, 네 명의 후배들은 동시에 멈칫하더니 여기저기서 원망의 소리가 터져 나왔다.

"너무해요. 죽는 줄 알았어요."

이때 혜성이가 얼른 나서며 물었다.

"이제 진짜 답을 들어 볼까? 어린이 형사 학교 학생으로서 꼭 갖추어야 할 자질은 뭐지?"

아까 마지막으로 나왔던 힌트다. 갑작스런 질문에 당황한 아이들. 아무도 섣불리 대답을 못했다. 잠시 후, 황수리가 조금은 자신 없는 듯 말했다.

"서로 힘을 모으는 거……. 그거 아니에요?"

그러자 박 교장이 만족한 웃음을 띠며 말했다.

"그래, 바로 그거야. 여기 있는 너희 선배들도 서로 힘을 모았기 때문에 훌륭한 과학 형사가 될 수 있었어. 너희도 선배들을 본받아 훌륭한 과학 형사가 되길 바란다."

"네!"

역시 박 교장이 최고! 덕분에 우리의 CSI는 절로 어깨가 으쓱해졌다.

## 혜성이가 들려주는
## 사건 해결의 열쇠

내 후배들이 어린이 형사 학교에 들어오기 위해 치른 모의 사건 시험. 그 중 가장 어려웠던, 사진 보고 비밀번호를 알아맞히는 힌트는 달에 대해 잘 알았기 때문에 풀 수 있는 것이었지. 그럼 달에 대해 알아볼까?

### 💡 달이란?

달은 지구의 하나뿐인 위성이야. 지구에서 38만 4467km 떨어진 곳에서 지구 주위를 돌지. 달의 반지름은 약 1,740km로 지구의 약 1/4이고, 질량은 지구의 1/81이야. 그리고 부피는 지구의 1/50이지. 지구만 한 그릇이 있다면, 달은 그 그릇에 50개가 들어갈 수 있다는 얘기야.

달을 보면 검은 부분이 있지? 어떤 사람은 떡방아 찧는 토끼처럼 보인다고 하고, 어떤 사람은 사람 얼굴처럼 보인대. 사실 이 부분은 달의 낮은 지대로, '바다'라고 해. 그러나 물은 없어. 달의 바다는 화산이 분출했을 때 용암이 흘러넘친 곳이야.

### 💡 달의 자전과 공전

달은 지구 주위를 돌고, 지구는 태양 주위를 돌지. 그리고 달은 자전축을 중심으로 스스로 자전해. 그런데 달이 자전하는 기간과 달이 지구 주위를 도는 기간은 태양을 기준으로 할 때 29일 12시간 43분으로 같아. 그래서 달은 지구에 언제나 한쪽 면만 보여 주게 되지.

그런데 달은 스스로 빛을 낼 수 없어. 우리가 보는 달빛은 달이 햇빛을 반사한 빛을 보는 거야. 그런데 낮에는 햇빛이 너무 강해서 달빛을 대부분 가리기 때문에 달이 희미하게 보여. 그러다가 밤이 되면 햇빛이 없어지면서 달이 환하게 보이지.

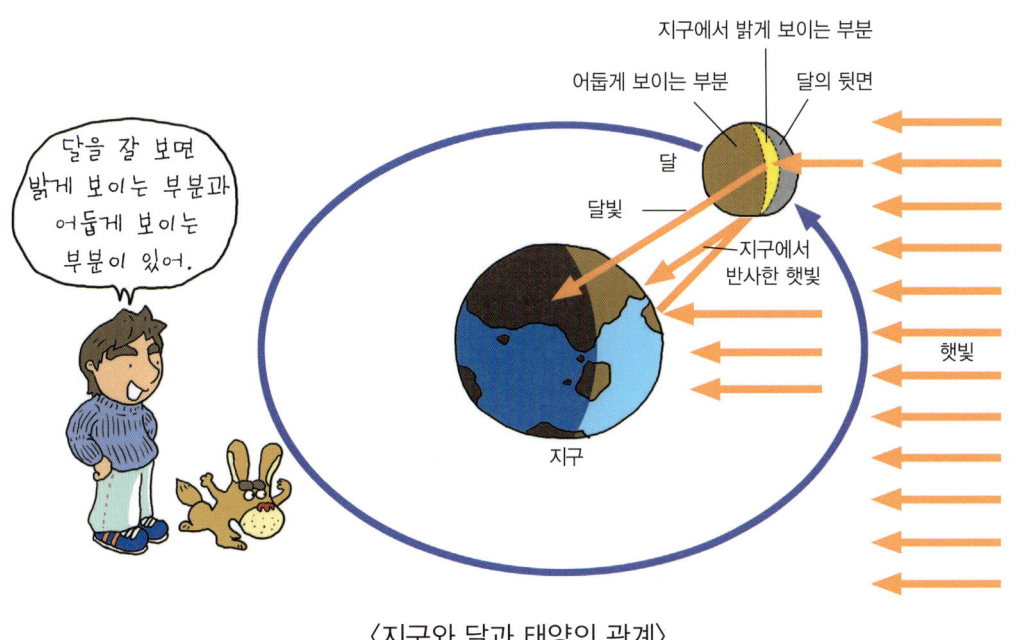

〈지구와 달과 태양의 관계〉

## 💡 달의 모양 변화

그런데 밤하늘에 떠 있는 달을 관찰하면 매일매일 그 모양이 달라지는 걸 볼 수 있어. 실제 달은 둥근데 참 이상하지? 눈썹 모양의 초승달부터 시작해 송편 모양의 반달, 그리고 쟁반같이 둥근 보름달까지……. 이렇게 달의 모양이 자꾸 변하는 이유는 뭘까? 그것은 바로 달이 지구 주위를 돌면서 태양과 지구와 달의 위치가 매일 바뀌고, 그러면서 달이 햇빛을 받는 부분이 매일 달라지기 때문이야.

달이 태양과 지구 사이에 있으면 전혀 보이지 않는데, 이때를 '삭'이라고 해. 달이 태양과 직각인 곳에 있으면 반달을 볼 수 있지. 또, 달이 태양의 반대쪽에 있게 되면, 즉 태양과 달 사이에 지구가 있으면 보름달이 보이지.

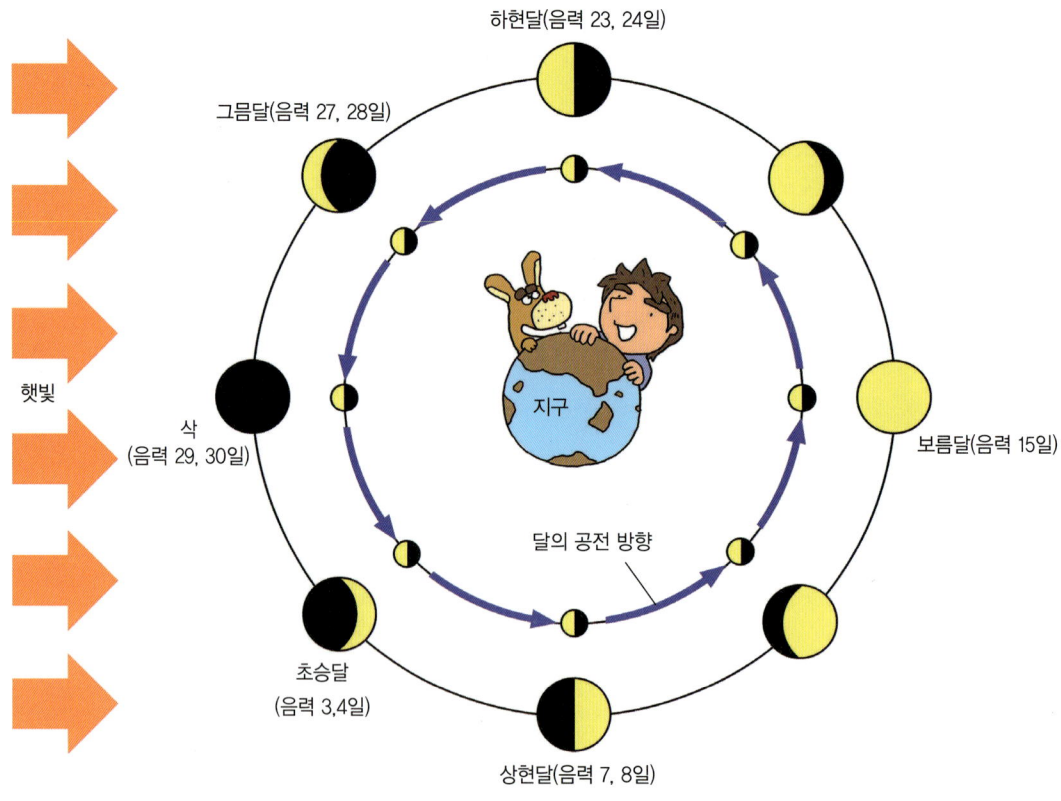

〈시간에 따른 달의 모양 변화〉

### 💡 태음력

매일 밤 달을 본 적 있어? 삭이 지나면 달의 밝은 부분과 어두운 부분을 나누는 선이 점점 왼쪽으로 옮겨 가. 그래서 3~4일이 지나면 손톱 모양의 초승달이 되고, 또 3~4일이 지나면 반달이 되는데 이 반달은 '상현달'이라고 해. 그리고 또 7일이 지나면 달은 완전히 동그래지는데, 이 달을 '보름달'이라고 하지. 이때부터 달은 점점 기울어서 약 7일이 지나면 다시 반달이 되는데, 이 달은 '하현달'이라고 해. 그리고 3~4일이 지나면 손톱 모양의 그믐달이 되고, 다시 보이지 않게 되지. 이렇게 달의 모양이 바뀌는 데 걸리는 시간이 29일 12시간 43분이야.

달의 모양이 바뀌는 것을 관찰해서 만든 달력을 '태음력'이라고 해. 줄여서 '음력'이라고 많이 부르지. 달이 지구 주위를 한 바퀴 돌 때마다 반복되는 달의 모양을 기준으로 한 달을 정한 거야. 태음력에서는 한 달이 29일이나 30일이지.

그래서 매달 음력 3, 4일경에는 초승달, 7, 8일경에는 반달, 15일경에는 보름달, 23일경에는 다시 반달, 그리고 27, 28일경에는 그믐달을 볼 수 있지.

그러니까 생각해 봐. 사진 속에 떠 있는 달은 초승달. 보통 음력 3, 4일경 초저녁에 서쪽 하늘에서 보이는 달이지. 그러니까 눈이 내린 날 중 음력으로 3일이나 4일이었던 날을 찾아보니, 바로 12월 29일이 음력 12월 3일. 그래서 세 번째 비밀번호를 알아낸 거지. 어때, 이젠 알겠지?

# CSI, 후배가 생기다

드디어 후배가 생겼다. 모두 기쁜 마음이지만 약간은 걱정되는 면도 없지 않았다. 후배들이 만만치 않아 보였기 때문이다.

똑똑한 후배들이 생겨서 좋긴 한데, 은근히 신경 쓰이네.

그러게 말이야. 애들이 개성도 강한 것 같아.

맛있니?

우리도 평범한 건 아니지만, 걔들은 더한 것 같아.

한입만 주라.

그래도 귀엽던데, 뭐. 잘해 줘야지.

짠~.

어린이 과학 형사대 CSI의 대 활약! 7권에서 계속됩니다.

특별 활동

# CSI, 함께 놀며 훈련하다!

영재랑 함께 하는 신기한 놀이

## ① 무지개 만들기

비 오는 날에만 볼 수 있는 무지개. 요즘은 쉽게 보기 어렵지. 하지만 걱정 마. 우리가 만들어서 보면 되잖아!

흰 종이를 이리저리 움직여 거울에 반사된 빛이 잘 보이도록 조정해 봐. 빨강, 주황, 노랑, 초록, 파랑, 남색, 보라. 일곱 빛깔 무지개가 나타나지? 거울에 반사된 손전등의 빛이 물에서 나오면서 굴절되어 파장이 긴 순서대로 나뉘었기 때문이지. 멋지지?

## ❷ 지하철 표에는 자석 금물!

지하철 표가 정말 자석의 성질을 이용해 정보를 기록했는지 눈으로 확인해 볼까? 자석을 가까이 대면 안 되는 이유도 확실히 알아보자고.

준비물: 다 쓴 지하철 표, 철가루, 셀로판테이프, 흰 종이, 막대자석

❶ 지하철 표의 검은 띠 부분에 철가루를 뿌리고 살살 털어 낸다.

❷ 철가루가 늘어선 부분에 셀로판테이프를 붙였다 뗀 다음, 흰 종이에 붙이고 모양을 본다.

❸ 검은 띠 부분을 자석으로 문지르고, 철가루를 뿌린 다음 살살 털어 낸다.

❹ 셀로판테이프를 붙였다 뗀 다음 흰 종이에 붙이고 모양을 본다.

처음에 철가루를 지하철 표에 뿌렸을 때에는 철가루가 바코드 모양으로 늘어서지? 지하철 표 표면에 있는 자석의 성질을 띤 물질이 일정하게 늘어서서 정보를 기록해 놓았기 때문이야. 그런데 자석으로 검은 띠 부분을 문지르면 철가루가 달라붙지 않지? 자석 때문에 자석의 성질을 잃었기 때문이야.

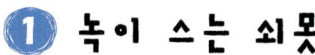

## ① 녹이 스는 쇠못

쇠못은 금속인 철로 만들어진 물체야. 그런데 철은 산소와 만나면 붉은색으로 녹이 스는 성질이 있지. 한번 해 볼까?

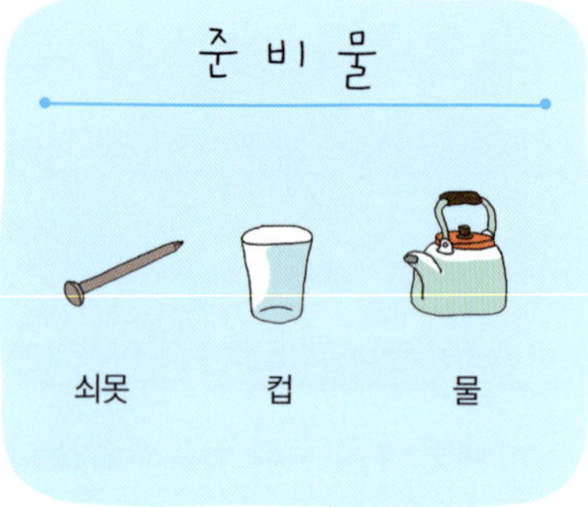

준비물: 쇠못, 컵, 물

❶ 컵에 물을 담는다.

❷ 물에 쇠못을 담근다.

❸ 물에 며칠 동안 쇠못을 담가 놓고 그 변화를 관찰한다.

며칠 지나면 쇠못에 붉은색 물감이라도 칠한 듯 녹이 슬지? 녹은 철이 물에 녹아 있는 산소와 결합해서 생기는 물질이야. 녹이 슬면 철의 표면이 녹아 없어지고, 철 자체가 약해지지. 그래서 녹스는 것을 예방하기 위해 특별한 페인트를 칠하기도 하고 플라스틱 막을 씌우기도 해.

## ❷ 구리줄 늘리기

금속은 열을 받으면 다른 물질에 비해 매우 잘 늘어나는 성질이 있어. 구리줄을 이용해서 실험해 볼까? 위험하니까 꼭 어른과 함께 해.

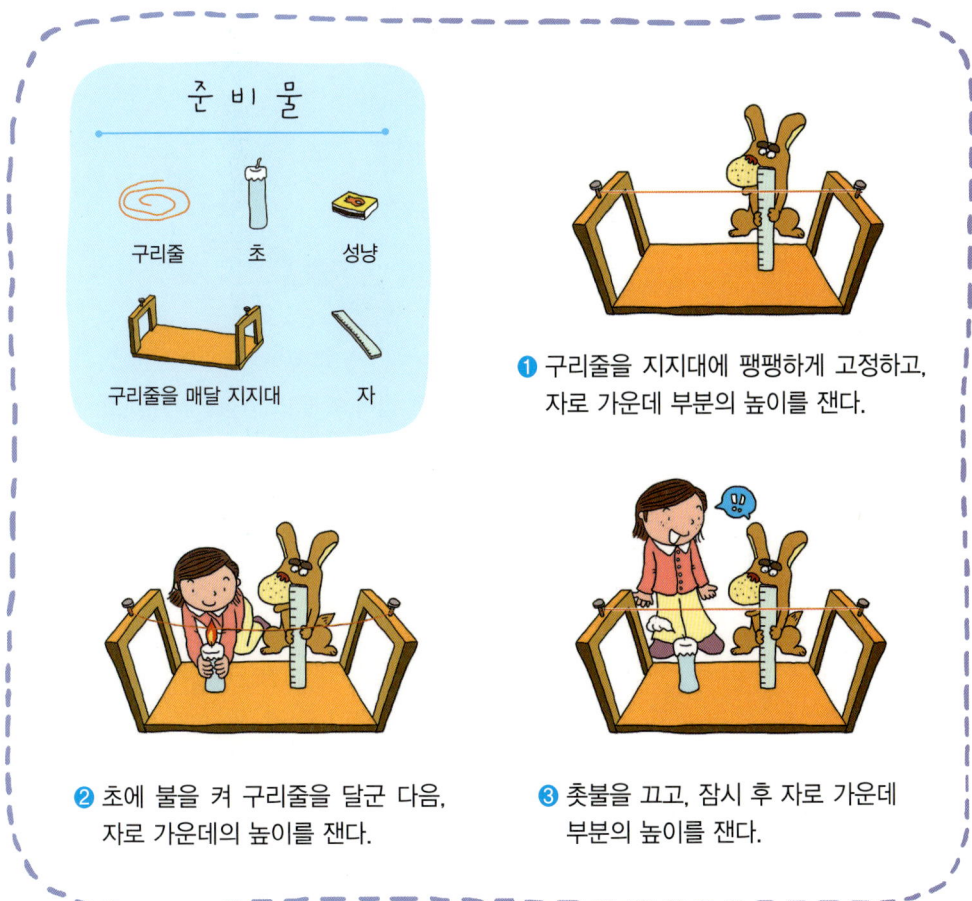

준비물: 구리줄, 초, 성냥, 구리줄을 매달 지지대, 자

❶ 구리줄을 지지대에 팽팽하게 고정하고, 자로 가운데 부분의 높이를 잰다.

❷ 초에 불을 켜 구리줄을 달군 다음, 자로 가운데의 높이를 잰다.

❸ 촛불을 끄고, 잠시 후 자로 가운데 부분의 높이를 잰다.

어때? 구리줄을 가열했더니 높이가 낮아진 것을 볼 수 있지? 구리줄에 열을 가하면 구리줄이 늘어나 밑으로 처지기 때문이지. 무더운 여름철에는 전신주 사이의 전선이 축 처져 있는데, 이는 기온이 높아서 전선 안의 구리줄이 늘어났기 때문이야. 열을 받으면 늘어나는 금속의 성질 때문이지.

달곰이랑 함께 하는 신기한 놀이

## ① 곤충 덫 만들기

곤충을 관찰하기 위해서는 일단 유인을 해야겠지? 간단한 방법으로 곤충 덫을 만들어 볼까? 곤충을 관찰한 뒤에는 놓아주는 것, 잊지 마!

**준비물**: 플라스틱 컵, 모종삽, 미끼, 비슷한 크기의 돌 4개, 납작한 나무판, 돋보기

❶ 컵이 쏙 들어갈 정도의 깊이로 흙을 파고, 컵을 묻는다.

❷ 컵의 가장자리에 땅과 같은 높이로 흙을 채우고 미끼를 넣는다.

❸ 컵 주위에 돌 4개를 놓고, 나무판을 올려놓는다.

❹ 하루 정도 지난 후에 컵을 꺼내어 관찰한다.

나무판을 올려놓아야 비가 와도 물이 들어가지 않고, 큰 동물들이 미끼를 먹는 것도 막을 수 있지. 어때? 작은 곤충들이 컵 속에 많이 들어 있지? 곤충들은 컵 벽이 미끄러워 다시 밖으로 올라오지 못하거든.

## ❷ 개미 길을 따라가자

개미는 먹이를 찾으면 다른 개미들이 찾아오도록 길을 만들어 두지. 직접 한 번 확인해 볼까?

❶ 종이 위에 사과 조각을 놓는다.

❷ 사과 조각이 놓인 종이를 개미가 잘 다니는 곳에 두고 기다린다.

❸ 개미가 모여들면 사과 조각을 다른 곳으로 옮기고 기다린다.

개미들이 사과 조각의 위치를 알고 줄을 지어 오기 시작하지? 개미는 먹이를 발견하면 냄새가 나는 화학 물질을 내어서 길을 표시해. 그러면 다른 개미들은 더듬이로 냄새를 맡고 그 냄새를 따라오지. 이때 사과 조각을 옮기면 새 길이 만들어질 때까지 개미들은 예전에 낸 길을 따라가지.

## 혜성이랑 함께 하는 신기한 놀이

### ❶ 달은 정말 한쪽 면만 보일까?

달이 항상 한쪽 면만 보인다는 것을 이해하기는 쉽지 않지. 그럼 같이 한 번 실험해 볼까?

**준비물**: 귤, 사과, 유성 매직

❶ 귤 껍질에 유성 매직으로 좌우가 반씩 되도록 정확하게 줄을 긋는다.

❷ 귤의 한 면에 유성 매직으로 ×자 표시를 한다.

❸ 책상 위에 사과를 놓고, 귤의 ×자 표시된 면을 계속 사과 쪽으로 향하게 하면서 한 바퀴 돌린다.

어때? 귤이 사과 둘레를 한 바퀴 도는 동안 귤도 스스로 한 바퀴를 돌게 되지. 이와 마찬가지로 달은 지구를 한 바퀴 도는 시간과 스스로 한 바퀴 도는 시간이 똑같고, 그래서 달은 언제나 한쪽 면만 지구를 향하는 거야.

## ② 달 달력 만들기

달의 모양이 일정한 주기로 바뀐다는 것을 알려면 눈으로 직접 관찰하는 게 제일 좋지. 함께 해 볼까?

**준비물**: 도화지, 검은색 종이, 알루미늄 포일, 컴퍼스, 풀, 자, 가위

❶ 도화지 위에 가로 7칸, 세로 5칸의 표를 만들고, 1부터 30까지 숫자를 쓴다.

❷ 검은 종이로 각 칸에 들어갈 크기의 원 30개를 만들어 붙인다.

❸ 매일 달 모양을 관찰한 후, 알루미늄 포일로 그 모양을 오려 원에 붙인다.

제일 첫날 관찰한 모양과 같은 모양의 달이 다시 나오는 데에는 며칠이나 걸렸지? 29일이나 30일이 걸렸을 거야. 이제 달이 음력 한 달인 29일이나 30일을 주기로 모양이 바뀐다는 사실을 알 수 있지?

# 찾아보기

## ㄱ
곤충 130
곤충의 겨우살이 132
골 38
그믐달 152, 163
금속 71

## ㄴ
낙엽 126
녹말 50, 51
니켈 63
니티놀 62

## ㄷ
다이아몬드 22
달 152, 160

## ㄹ
레이저 34, 40
레이저 광선 40, 41
레이저 쇼 32
렌즈 148

## ㅁ
마루 38
무지개 39
물질 70
물체 70

## ㅂ
방출 스펙트럼 40
변태 124, 131
보름달 152, 163
불가사리 151
불완전 변태 125, 132
빛의 굴절 148
빛의 분산 39

## ㅅ
삭 162
상현달 152, 162
선 스펙트럼 39
스테인리스강 59, 72
스펙트럼 35, 39

## ㅇ
아스코르빈산 51
알루미늄 합금 72
연속 스펙트럼 39
완전 변태 124, 131
왕오색나비 125
요오드 50, 51
원소 70
인력 101

## ㅈ
자극 101
자기 테이프 102
자기력 100
자기력선 100
자기장 100
전자기 유도 95

## ㅊ
척력 101
초승달 152, 162

## ㅌ
탄소 22
태음력 162
티탄 63, 67

## ㅍ
파장 38
프리즘 38

## ㅎ
하드 디스크 103
하현달 152, 163
한살이 131
합금 59, 71
헤드 96, 102
형상 기억 합금 63, 72
황동 72
흑연 22
흡수 스펙트럼 40